胜天半子
掌局者赢

军 平◎编著

孔学堂书局

图书在版编目（CIP）数据

胜天半子：掌局者赢/军平编著. ——贵阳：孔学堂书局，2025.2. -- ISBN 978-7-80770-651-9

Ⅰ．K205

中国国家版本馆 CIP 数据核字第 2024390Q7U 号

胜天半子：掌局者赢
SHENG TIAN BAN ZI　ZHANG JU ZHE YING

军平　编著

责任编辑：陈　倩　杨　慧
书籍设计：壹品尚唐
责任印制：张　莹

出版发行：贵州日报当代融媒体集团
　　　　　孔学堂书局
地　　址：贵阳市乌当区大坡路 26 号
印　　刷：大厂回族自治县益利印刷有限公司
开　　本：710mm×1000mm　1/16
字　　数：173 千字
印　　张：12
版　　次：2025 年 2 月第 1 版
印　　次：2025 年 2 月第 1 次
书　　号：ISBN 978-7-80770-651-9
定　　价：48.00 元

版权所有·翻印必究

目录 CONTENTS

开篇 原则·筑梦想之基石

第一章 修身力行,声名远播

004 当以慎言,勿逞一时口舌

008 当以慎思,勿念一时之利

012 当以慎行,勿断一时之为

016 当以慎独,勿泄一时之怒

019 当以慎欲,勿纵一时之欢

第二章　养心秉性，智达慧心

024　内心强大，可抵一切风雨

028　以诚待人，直领一众人心

032　能屈能伸，拼出一片天地

035　藏拙显拙，抓住一线生机

039　与人为善，方留一条活路

第三章　容恕公正，仁以得心

044　容人之难，方见内心品格

048　容人之短，方见胸怀博大

052　容人之长，方见眼界阔达

055　容人之异，方见思维格局

058　容人之过，方见格调高远

中篇　取舍·启财富之大门

第四章　知人善用，以人夺势

064　引贤之人，业可借势而上

068　留才之人，路可一帆风顺

071　育潜之人，境可化险为夷

075　用能之人，绩可事半功倍

078　去怪之人，队可齐心而发

第五章　明辨大局，安身立命

082　洞察规则，方可为与不为

086　知其始末，辨良因和恶果

090　待时而动，抢占人和良机

093　因势利导，谋排兵与布阵

098　心怀全局，应不变与万变

第六章　细枝末节，反败为胜

102　淡定从容，喜怒不形于色

106　诱人以利，目的不宣于外

110　观察入微，及时给予判断

113　未雨绸缪，行有准备之为

117　糊涂有时，看破却不说破

终篇　策略·登巅峰之路径

第七章　打破思维，跃飞龙门

124　变而后通，破他人不破局

127　出奇制胜，行他人不行路

131　破釜沉舟，转他人之先机

135　见好就收，留他人之余地

140　险中求胜，成他人不成事

第八章　借势发力，通行天下

146　善借物者，变不能为可能

150　善借智者，达人生之高点

154　善借光者，名才正言也顺

157　善借力者，乘风破浪胜之

160　善借势者，成不凡之人生

第九章　谋定而行，制敌制胜

166　示人以强，而后应之以张

169　直视问题，于困境中智取

173　声东击西，立自己于不败

177　反客为主，化被动为主动

181　运筹帷幄，谋而后动而成

ONE 开篇

原则
筑梦想之基石

身修而后家齐,

家齐而后国治,

国治而后天下平。

第一章 修身力行,声名远播

"身修而后家齐,家齐而后国治,国治而后天下平"(《礼记·大学》),由此可见,修身是第一位的。修身以为弓,品行以养德,在前进的漫漫长路中,提升自我的品格修养是我们启程的重要基础。

"行出于己,名生于人"(《逸周书·谥法解》),意思是行为由自己做出,名声由别人赋予。想获得社会认可,争取个人荣誉,是人之常情。

**好名声取决于他人的评价,
但归根结底要自己从修身养德做起。**

当以慎言，勿逞一时口舌

★ 策略思维 ★

古人言："涓涓不壅，终为江河；绵绵不绝，或成网罗。"（《孔子家语·观周》）意思是智者如涓涓细流，言语温和却绵长不绝，终成江河之势。

说话不注意，口无遮拦，胡言乱语，往往会伤害别人，给自己埋下祸患。即便有时候认真说话，但言多必失，难免会让人心生芥蒂，带来不快。

管住自己的嘴，不惹是非，不招仇怨，不伤人心，是对自己的保护，也是对别人的尊重。

★ 史册名鉴 ★

在春秋时期，齐国有一位备受尊敬的大臣，名叫晏婴，人们尊称他为晏子。

晏子以其卓越的才智和雄辩的口才而闻名于诸侯国，齐国的外交事务多由他主管。

某日，齐王派遣晏子出使楚国。楚国在那时势力强大，有称霸天下的野心，骄傲自大的楚王也不把齐国放在眼里。

当得知晏子即将来访时，楚王心生不悦，决定想个法子来捉弄一下这位齐国的大臣，以展示楚国的威风。

晏子一行人抵达楚国国都郢城时，看到城门紧闭，他们等待了许久，仍不见有人前来开门。

过了很久，一个礼宾官在城墙上凿了一个很小的洞，让晏子从那个洞进去。一个守卫指着城墙上的洞口对晏子说："国王有令，今日不开城门，请大夫从这个洞口进出。"

晏子一口拒绝了，并说道："此乃狗洞，乃狗之出入处。只有狗国才从狗洞进出。我乃出使楚国，岂能从此洞进出？"

楚国礼宾官原本想借晏子身材矮小，由此来羞辱他一番，却不想反被将了一军。

守卫赶紧将此事报告给楚王，楚王无奈地说："我本想取笑他，却反被他取笑了。"

晏子进城后，楚王见他是个身材矮小的人，便故意嘲讽道："难道齐国真的无人了吗？"

晏子听后，心知楚王是在侮辱自己。但他毫不慌张地说："我们齐国人口众多，只有瞎子才会说齐国无人。以临淄为例，街上的人数不胜数，他们手一扬就能遮天，汗一挥就如大雨滂沱。怎能说齐国无人呢？"

楚王又问道："既然齐国人那么多，为何会派你这个矮小的人来出使我国？"

晏子毫不示弱地回答："我们齐国有个规矩，访问上等之国就派上等之人，访问下等之国就派下等之人。我是齐国最矮小、最没出息的人，所以国王派我出使楚国。"

楚王挖坑自己跳，还真是嘲了个寂寞。

到了用餐时间，一名犯人被武士押着从堂前经过。楚王故意问："这犯人是哪国人？犯了什么罪？"

武士回答："是齐国人，犯了盗窃罪。"

楚王转向晏子说："齐国人怎么都善于做盗贼？"

这话引起了楚国大臣们的哄笑。

然而，晏子却站起来，严肃地说："大王，橘子生于淮南则甜，生于淮北则酸，这是因为水土不同。同理，齐国人在齐国不做盗贼，到了楚国却偷窃，这大概是贵国的水土不服吧！"

晏子又一次将楚王的羞辱堵了回去，楚王自是落了个空。

世间常有人喜欢花言巧语，自以为能言善辩。言多必失，"口若悬河"终会露出破绽；言简意赅，一语中的却能直指人心。

言语如茶，温和为上；言语如箭，一旦出口难以收回。慎言者，不是沉默寡言，而是懂得何时该说，何时该听。言语得当，胜过千言万语；一言九鼎，重于万贯家财。

北周有位大将叫贺若敦，以勇武刚猛著称。他一生战功卓著，享誉天下，但就是迟迟得不到提拔，心中难免抑郁，时常口出怨言。

公元560年，北周和南陈发生了湘州之战，贺若敦在这场战役中智勇双全、领军有方，算是立了大功。可谁曾料到，立功归来的贺若敦不但没有得到封赏，反倒被晋王宇文护撤了职。

实在忍无可忍的贺若敦说了些怨言，结果被宇文护逼令自杀。

贺若敦自杀前，回顾了自己的一生：自己屡建奇功，而得不到提拔，最终还要死于非命，究其原因都是自己这张嘴惹的祸。

于是他把自己年幼的儿子贺若弼叫到跟前，千叮咛万嘱咐，告诫他一定要慎言。

为了使儿子记住自己用血泪和生命换来的教训，他拿起一把铁锥，叫贺若弼把舌头伸出来，用锥子扎进了儿子的舌头，希望儿子今后只要一张口就想起自己的这番告诫。

时隔多年后，北周灭亡，隋朝建立。贺若弼长大成为隋朝的一名大将，封上柱国，官至右武侯大将军。

可是他很自负，常以相国自诩。

当时隋文帝命高颎、杨素为宰相，贺若弼很不满，时不时地对宰相们的工作评头论足，完全忘记了父亲临死前的锥舌之诫。

朝中公卿纷纷上奏隋文帝请求处死贺若弼，隋文帝念在他往日战功显赫，犹豫数日后，只是免去了他的官职，过几年又恢复了他的爵位。

隋炀帝杨广继位后，大业三年，杨广设千人大帐宴请突厥启明可汗。

贺若弼一看，认为太过豪华奢侈，还是管不住自己的嘴，忍不住又与人私下议论。结果杨广大怒，以诽谤朝政之罪将其处死。

贺若弼死的时候64岁，只比他的父亲贺若敦多活了5年。他明明目睹了自己的父亲因说话不慎丢了命，明明自己还亲身体验了锥舌之痛，但最终还是忘记了慎言，和父亲走上了同样的不归路。

"立身以不妄语为本。"（《曾国藩家书·治家篇》）俗话说，祸从口出。立身行事，最忌的就是轻浮和自满，说一些不恰当的话，或者为了自我夸耀而撒谎吹牛。因为这样一来可能会给自己招致灾祸，二来也会使自己失去别人的信任和尊重。

喜欢逞一时口舌之快的人，终究都难成大事。

"修己，以清心为要；涉世，以慎言为先。"（《格言联璧·接物类》）所有的话，出口之前都需要经过大脑思考：可说可不说，尽量不说；不得不说，想好再说。而且要清楚地知道，说话对于我们来说是表达观点的手段，达成共识才是目的。

为人处世不必太过在意别人的看法，但要对自己说过的话负责。言语是一个人的风水，管好自己的嘴才能守住自己的福气。如果只顾逞一时口舌之快，很容易说出未经思考的话，哗众取宠或自鸣得意的同时得罪了别人，从而也失去了自己本就很难获得的机会。

当以慎思，勿念一时之利

★ 策略思维 ★

《论语》曾言："学而不思则罔。"倘若光是学习而不加以思考，那么学再多都是枉然。无论是在学习上还是工作上，成长的高度和思考的深度密不可分。

凡是善于思考的人，注注看事情的角度也会比别人更多，同一个问题，可能别人只想出一个解决方法，他已经想出了三个，并且能对比出结果最优的方法。

在生活中，不善于思考的人，只会习惯地接受别人的意见，人云亦云。这样的人，容易被人利用，也更容易受伤害。

行，需要勇气；止，需要智慧。任何时候，都需要三思而后行。人的一生，要学会适可而止，凡事皆应慎思，知进退，留余地。

范蠡生于公元前536年，幼时家境贫寒，但范蠡从小就酷爱读书，十几岁就才华横溢。更难得的是，他不仅有渊博的学识，而且有独到的思维见解，可以迅速洞察事物本质，以及宠辱不惊、泰然处之的能力。

范蠡青年时，在周围人眼中却是有些疯癫的人，因为范蠡经常和大众的观点不同，有时语出惊人，令人目瞪口呆。

其实是他准确地抓住了问题的本质，思考得更深刻与透彻，只是别人没法理解而已。

范蠡20岁时遇到文种，两个人一见如故，相约要建立功业，做一番大事。

范蠡与文种都是楚国人，但是，当时楚国已经是列国中的霸主，国君傲慢自大，皇亲贵族结党专权，政治混乱，于是范蠡和文种投奔到越国为官。

初到越国，范蠡和文种都没有受到越王的重用。不久，势力相对弱小的越国被吴国打败，越王勾践兵败会稽山。

国乱显忠臣，很多越国大臣在越国战败后另投他处或叛离投吴，而范蠡与文种对越王不离不弃，因此得到勾践的重用，范蠡更自愿随勾践赴吴国为奴。

吴王夫差知道范蠡是个大才，曾数次劝范蠡离开勾践，欲为其封赐显爵，范蠡都不为所动。

为奴的三年时间里，范蠡同勾践夫妻一起耕作劳动，粗食、卧薪，但同时也不忘和勾践的君臣之别。

范蠡时刻敬主、护主，三年如一，不离不弃，让吴王既赞许又羡慕。

有一天，吴王在范蠡经过的路上扔了一块黄金，范蠡经过时丝毫没有犹豫就跨过黄金径直离去，吴王从此才打消了劝范蠡降吴的念头。

经过十年的休养生息，越国得以复兴，兵力恢复到战前规模。经过数次战争后，越国最终消灭了吴国。

吴国彻底灭亡后，勾践举行庆功宴会，分封功臣，范蠡官至上将军，仅于勾践一人之下，百官之上。

此时的范蠡并没有被巨大的功劳冲昏头脑，而是冷静地分析局势：现在能对越国构成威胁的吴国已经灭亡，其他诸侯国不是离得比较远，就是实力很弱，无法对越国构成任何实质性威胁。

也就是说，天下已经太平，这个时候功高盖主本来就是很危险的，容易让君王感觉受到威胁。加之多年的相处，范蠡知道勾践是一个可共患难，却不可同富贵的人，自己官居极品，树大必然招风。

于是范蠡上书向勾践辞行，言辞恳切。他提到，君主忧虑时臣子应勤劳效命，君主受辱时臣子应不惜生命。昔日君王在会稽受辱，臣子们之所以不死，就是为了有朝一日能报仇雪耻。如今目标已经实现，范蠡请求像在会稽时那样接受惩罚，即离开朝堂。

越王感到不可思议，说："你留下吧。如果说我给你的赏赐少的话，我就将国家的一半分给你。"

范蠡连连摇头，不肯答应。

越王又说："你留下后，如果今后你有什么过失而我不替你掩饰，有功绩而不予张扬，我将抛尸异地。"

然而，越王的话都没能打动范蠡的心。没过几天，范蠡就找准机会悄然离开越国，迁居去了齐国。

范蠡来到齐国后，改姓换名，给自己起了一个奇怪的名字，叫作"鸱夷子皮"。

到齐国后，范蠡又非常惦记仍在越国的好朋友文种的安危。范蠡知道，时间长了，文种必然为越王所不容。于是，他给文种写了一封信。

信上说："飞鸟射光了，良弓就会被收藏起来；狡兔射死了，跑得再快的猎狗也会被煮熟吃掉。越王勾践这个人，脖子又细又长，嘴巴尖得像乌鸦，心胸是很狭窄的。我劝你还是趁早离开越国，免得招来杀身之祸。"

然而，文种没有听从范蠡的劝告。

不久，悲剧发生了。一天，勾践去文种家里探病。文种装作很严重的样子，强作支撑迎接勾践。

两人随意交谈，不可避免地说起了往事。忽然，勾践说："先生曾经赐给我七条妙计，我只用了其中的三条就消灭了吴国，剩下的四条计策不知道先生要用来对付谁呢？"

文种听了这话心惊胆战，回答说："现在天下太平，那四条计策我看用不上了。"

勾践似笑非笑地看着文种,说:"那不是可惜了先生的妙计吗?不如这样,请文大夫代表寡人,带着余下的四条计策到九泉之下去对付吴王死去的先祖先宗吧。"说完勾践便留下一把宝剑,起身离开了。

文种接过剑一看,顿时大惊失色。这正是当年吴王夫差逼死吴国的栋梁之臣伍子胥的那把剑。勾践是希望自己步伍子胥的后尘啊!

文种这才对自己不听范蠡之言后悔不迭。而这时范蠡却已携带家眷和财宝到了齐国,自己经营家业,过着舒服自由的生活了。

文种认为,食君禄、报君恩、建功业、享封赏是理所当然的事,没有从更多的角度思考问题,也没有看透事物发展的规律,最终招致杀身大祸。

范蠡凭借冷静的头脑和敏锐的眼光,从事物发展的规律、人性的特点等多角度,洞察了一切,不为眼下的封赏所动,从而逃脱了虎口。

唐朝诗人白居易曾说:"慎而思之,勤而行之。"(《策林》)

人这一生,不管是说话还是做事,都要先经过思考。只有经过深思熟虑,看待问题时,才能全面。

一旦获得成功,人的自信心也会增加,很少有人能做到主动后退。然而,有时候退是为了更好地进,反思是为了更加明智。

特别是当一个人的事业做到一定规模的时候,就更需要保持冷静的头脑,唯有如此,才能保持敏锐的目光,在不确定的荣耀与利益面前,去思考,去分析,去做定夺。

当以慎行，勿断一时之为

★ 策略思维 ★

《大学》有言："身修而后家齐，家齐而后国治，国治而后天下平。"修身是一切的根本，而慎行恰是修身的关键环节。

苏轼说："慎重则必成，轻发则多败。"(《拟进士对御试策》)不管做什么事，只要慎重地去处理，就没有办不好的。做人也是一样，人与人之间的相处，也需要审慎而行。

★ 史例镜鉴 ★

明朝的开国功臣汤和，和太祖朱元璋是儿时好友。

汤和最为人称道的，不是他的战功，也不是巩固海防的伟绩，而是他的保命秘诀：谨慎。

战场上，胜败乃兵家常事。但失败，重则杀头，轻则被骂。汤和每次被朱元璋骂，都是积极认错，磕头如捣蒜。这招让朱元璋很受用，每次骂完之后，气也消了。

洪武二十二年，汤和在沿海一带的海防工事完成后，得到了朱元璋的大大褒奖。本是人生的高光时刻，汤和却选择急流勇退，交还兵权，辞官回家。

辞官后，汤和在凤阳养老，朱元璋下令，他每年都可以进宫。每次进宫离开时，朱元璋都会赏他大批的金银财宝。回去后，汤和把赏赐的财宝分给那些儿时的伙伴。他还花钱把朝廷赏赐的侍女、奴仆、小妾通通打发出去，只留下妻子和一个老佣人。

在汤和的小心谨慎之下，明初四大案，没有一件牵扯到他。他也成了在朱元璋手下唯一获得善终的功臣。

俗话说："事前慎重，事后不悔。"

做事之前慎重，规范自己的行为，知道什么该做什么不该做，有自己的原则，是一个人清醒的活法。

杨修出身名门之后，祖上全是历朝历代鼎鼎大名的人物。

凭借强大的家族背景，再加上自身出众的才华，年仅25岁的杨修就已大名远扬，后来直接被曹操看中，在曹操麾下担任主簿。

经过长期相处，曹操对杨修越来越满意，而杨修也十分擅长揣摩曹操的心思。

曹操主外，杨修主内，二人把曹营上上下下打理得井井有条。

因为曹操十分看重杨修，这就导致曹营上下争先恐后想要与杨修结交。但是，杨修这个人却很自负，他不喜欢的人，正眼都不瞧一眼，曹丕想要与他结交，都被拒之门外。

在朝为官，必须得懂得圆滑的处世之道，杨修明显处理得并不圆滑。如果不爱与人结交，那也说得过去，别人会觉得他性格本就如此。但杨修偏偏和曹植能玩到一块儿，二人平日里不仅经常约见，见不到的时候也一直用书信往来。

这种行为，摆明就是在打曹丕的脸。

就这样，杨修与曹植的多次走动，导致他间接被牵连到曹植与曹丕的夺嫡之争当中。

要知道，曹操最痛恨的就是手足相残，他不允许自己的后代出现夺嫡的现象，更不允许自己的谋士参与其中。此外，曹操这人很讨厌自己的谋士把计谋用在自己身上。

很显然，杨修触碰到了曹操的底线。

杨修因为和曹植关系很好，自然希望曹植的地位超过曹丕，所以就背着曹操多次为曹植献计。杨修也知道私下结交曹植的行为不被曹操允许，所以，他每次出门偷偷与曹植相见，都会提前计算好时间，让守卫帮自己欺骗曹操。杨修每次都把曹操可能会问的问题和对应的回答提前写好，然后交给守卫，并对守卫说："如果主公询问我，你就按照纸条上所写回答。"

就这样，杨修偷偷和曹植相会的事情，一次也没有暴露。

可惜的是，曹操这人疑心病很重。每次遇到守卫，曹操刚一询问杨修的事情，守卫立刻就能回答出来。一次两次还行，次数多了，曹操就感觉有些蹊跷，他觉得守卫每次回答问题的速度太快，似乎就是等着他询问一样，这让他对杨修产生了怀疑。

另一方面，在杨修和曹植结交期间，曹丕担心曹植有了杨修，自己的地位不保，便也开始在私下结交曹操的谋士。

一次在曹丕与吴质相见之时，被杨修无意间撞见，杨修二话不说，把曹丕结党营私的事情告诉给了曹操。

曹丕知道后，害怕得不得了。但吴质却对曹丕说："明天我会安排人假装与你相见，然后故意让杨修看到。届时，他定然会去给主公打报告，只是他不知道跟你见面的并不是我。"

果不其然，杨修在第二天落入了这个陷阱之中。当曹操跟着杨修过去，却没有在马车里看到吴质时，反而令曹操加深了对杨修的怀疑。

即便如此，曹操也没有想过杀掉杨修。曹操虽然不允许自己人争斗，更不允许自己的儿子结党营私，但他认为事情还没有发展到不可收拾的地步。于是他就睁一只眼闭一只眼，装作看不到。

没想到，因为曹操的置之不理，杨修与曹植结交得越来越频繁。

曹操深知再这样下去，自己辛辛苦苦找来的谋士，会因为曹丕和曹植的争斗，直接四分五散。这时候，曹操才真正对杨修起了杀心。

曹操顺水推舟，假装更看重曹植，对曹植越来越好。曹操的目的就是让杨修深陷其中无法自拔，到时候不管谁继承自己的位置，都可以随便找个借口把他处死。

曹植在被曹操看重后,逐渐变得骄傲自满。杨修此时也知道曹操对自己起了杀心,当即想要与曹植断交。但是,请佛容易送佛难。杨修此时才发现,想要和曹植彻底绝交脱离关系已经不太可能。

最终,杨修因为"鸡肋"事件被曹操以扰乱军心的罪名处死。

在复杂的政治环境中,才华固然重要,但更为重要的是懂得审时度势,低调行事,以避免不必要的冲突。

掌局智囊

各种诱惑层出不穷,一着不慎,就可能迷失了自己。在诱惑面前保持理智,谨慎行动,才能避免掉进陷阱里。

做事慎行,严格要求自己,才能变得更加成熟、更加优秀。

真正的慎行者,并非胆小怯懦、畏首畏尾,而是深刻地明白每一个行动都与道德操守紧密相连。一诺千金,其价值重如泰山;表里如一,其意义远远胜过那些华而不实的外表装饰。

那些行事张扬、高调炫耀之人,最终必然会引来他人的非议和指责;而那些举止谨慎、低调谦逊之人,方能赢得他人的尊重和敬仰。

当以慎独，勿泄一时之怒

★ 策略思维 ★

《大学》有言："诚于中，形于外，故君子必慎其独也。"（《大学·诚意》）慎独，是一场战胜自己的修行，是一种高级的自律。修炼的是内在的定力，即使是在无人时、细微处，也从不逾矩。

世间红尘万象，人心如猿猴之狡，意如烈马之驰。一旦放纵，信马由缰，则很难将其拉回。

君子慎独，高人慎众。行走在这个世间，只有懂得慎独也慎众，才能立得定行得远。

★ 史例为鉴 ★

所谓慎独不自欺，就是能守住本心，处事谨慎，自我意志坚定。纵观古今，成大事者都懂得慎独不自欺，这是一种风度，更是内心的洒脱和通透。

东汉时有一位太守叫杨震，去任职时路过昌邑县，县令王密正好是他之前提拔过的官员。

深夜之时，王密悄悄前来拜见，还随身带着十斤黄金，说是要感谢杨震当年的提拔之恩。

杨震看都没看那些黄金，而是叹了叹气说："我知道你，而你却不懂我，这是为什么呢？"

王密见状便说："暮夜无知。"意思是说，天黑了，没有人会知道这件事情，大人你可以放心收下。

杨震坚决不肯，说"四知"，即天知地知你知我知，怎么能说没人知道呢？

正所谓世上没有不透风的墙，事情做得再隐秘，也会有大白于天下的时候。

元丰二年的乌台诗案中，有人上表弹劾苏轼，称其在奏折中讽刺朝廷，起初宋神宗并不放在心上。

但之后苏轼写的诗文又被人说成诽谤新政，宋神宗和新派人物都大为恼火，苏轼因此入狱被贬。

乌台诗案对于苏轼来说如同一场噩梦，黄州的贬谪生涯也让他极其痛苦。

直到元丰八年，宋哲宗即位，新党被打压，旧党起复。

短短几个月的时间，苏轼就一路升迁到翰林学士。

苏轼看到旧党对新党拼命打压，其中一个理由用的也是"寻章摘句，罗织罪名"。

自己尝过的冤屈不能让别人也尝一遍，他也不能骗自己，因为是政敌，所以就是要不择手段。

于是苏轼又对旧党执政极力抨击，坚持说："言事无罪。"

慎独的人，他们不会欺骗自己，也不会迎合他人，更不会放纵自己。他们平日里会时刻规范自己的举止，反省自己的言行，上不愧于天，下不愧于地，更无愧于自己的内心。

真正的慎独，是在别人看不到的地方也能自我约束，时刻保持头脑的清醒。而一旦欺骗他人，事情做得再隐蔽细微也会被人发现，就有了道德瑕疵，会被人看不起。

行走在这个世间，只有懂得慎独不欺人，才能走得更稳更远。

唐代的东都留守吕元膺非常喜欢下棋，所以常和自己的一位幕僚下棋取乐。

有次下棋时,正好有人送来紧急公文要吕元膺处理,他就一边批阅公文一边下棋。幕僚以为批阅公文的吕元膺肯定注意不到棋局,于是就偷偷挪动了棋子。

然而这一切被吕元膺看得清清楚楚,但是他并没有声张。

果不其然,之后幕僚赢了这一局棋。

次日,这位幕僚正侃侃而谈自己的棋艺如何高超时,吕元膺却派人送来金银,让他另谋高就。

《上书谏吴王》中讲:"若要人不知,除非己莫为。"人生这盘棋,一着不慎满盘皆输,千万别心存侥幸。与其欺骗算计,不如保持一份慎独之心,对人对事光明磊落行君子之为。

《礼记·中庸》中写:"莫见乎隐,莫显乎微,故君子慎其独也。"越是别人看不到的地方,越是能看出一个人真实的模样。

慎独,之于他人是坦荡,之于自己则是心安。

纵观古今,成大事者都懂得慎独不自欺更不欺人,这是一个人内心的洒脱和通透。

懂得慎独,能够慎众,在精神层面就比别人略胜一筹了。唯有内不欺己,外不欺人,上不欺天,修好身,守住心,人生才能圆满。

当以慎欲，勿纵一时之欢

★ 策略思维 ★

欲，本身不可怕，可怕的是不知克制、不加管束。学会控制自己的欲望，不要让欲望控制自己。过度的欲望会让我们变得贪婪和自私，甚至失去做人的尊严和价值。

一个人要想成为自己，就一定懂得克制自己的欲望和冲动，进而实现自我价值。

古人云："欲虽不可尽，可以近尽也；欲虽不可去，求可节也。"（《荀子·正名》）学会节制自己的欲望，才能在物欲横流的世界修得一份知足，守得一抹清欢。

★ 史例为鉴 ★

李斯出生在战国末期的楚国，一个叫上蔡县的小地方。他年轻的时候曾经在仓库里做小职员，温饱有余，富贵无望，日子倒是过得安定自得。直到有一天他去茅房，里面的一群老鼠引起了他的深思。

李斯看到茅房中的老鼠，它们终日以粪便为食，污秽不堪，一旦有人或狗靠近时就恐惧万分，慌不择路地躲避。再看仓库里的那些老鼠，它们吃的是粮食，住得也宽敞整洁，还不用担心有人来打搅自己的安逸生活。

同样是老鼠，境遇竟相差如此之大。李斯从中得到启发：要想住宽敞洁净的广厦华屋，吃丰盛又有营养的山珍海味，不至于沦落到蜷曲在简陋的暗巷之中，以残羹冷饭度日，那就要找一个能让自己飞黄腾达的平台。

打定主意以后，李斯拜荀子为师，专门学习帝王之术，期待学成之后，投身于帝王家，博一个功成名就。

等学成以后，李斯就着手出山。他对当时天下情势做了充分的分析，得出了判断，关东六国都入不了他的法眼——他只看好秦国。

当时的秦国，13岁的嬴政刚刚即位，大权掌握在太后赵姬和大臣吕不韦的手中。精明的李斯审时度势，立即投奔了吕不韦，做了他的门客。

凭着自己卓越的才干，李斯很快被吕不韦发现并重用，有了接触秦始皇的机会。

有一次，李斯对嬴政说："凡干成大事业的人，都知道要抓住时机。以前的君主没有完成统一大业，是时机还不够成熟；现在秦国力量强大，大王贤德，正是完成帝业、统一天下的最好时机，千万不能错过。"

这一席话刚好说到了嬴政的心坎上，李斯也因此得到了嬴政的重用。

公元前237年，韩国惧怕秦国灭亡自己，派出了水利专家郑国入秦，献策修渠，希望用这种方式来削弱秦国的人力财力，减缓秦军围攻自己的速度。

秦国发现了这一"阴谋"，所以下达了"逐客令"，驱逐六国客卿。

李斯上《谏逐客书》，说逐客令会导致天下世子"裹足不入秦"，秦国很难"跨海内，制诸侯"。李斯认为要想国家强大，不能以国籍来区分人才，必须吸纳各国人才，那些被赶走的人才如果不能为秦国所用，必将成为秦国的敌人。嬴政采纳了他的建议，立即取消了逐客令，李斯也被提拔为廷尉。

秦始皇求贤若渴，读到了韩国韩非子的文章后大为赞赏，下令出兵攻打韩国，欲夺韩非子为己所用。韩非子与李斯同窗，都是儒家大师荀子的学生。李斯嫉贤妒能，生怕韩非子夺了自己的位置，与姚贾设计陷害韩非子致其服毒自尽，而送上毒药的正是李斯。

公元前213年，李斯上书谏言实行郡县制，推动制度改革。后来，秦始皇焚书坑儒，南平百越，北击匈奴，修建万里长城，书同文，车同轨，统一度量衡，在全国各地大兴土木，修建离宫别馆，也都有李斯的参与。

秦始皇前后5次出巡，李斯都跟随其后，并刻石记功。

公元前210年七月，秦始皇第五次巡视，走到沙丘时病重驾崩。李斯与赵高合谋，秘不发丧，伪造遗诏，令始皇长子扶苏自杀，改立当时随行的少子胡亥为二世皇帝。

李斯为了保住自己的丞相之位，不至于被本领功劳远高于自己的蒙恬取而代之，更为了自己的荣华富贵，和赵高同流合污，狼狈为奸，导致"秦二世而亡"。

秦二世只顾饮酒享乐，法令刑罚越来越严酷，群臣人人自危。秦二世又修建阿房宫，赋税和兵役压得百姓"民不聊生，饿殍遍野"，导致后来"官逼民反"。

陈胜吴广起义爆发，李斯曾想向胡亥进言，弹压起义军，但是那时他儿子李由抵抗起义军失利，他哪有机会。赵高借机不依不饶，陷害李斯。大臣们也出来谴责李斯，说他位居三公，盗贼猖狂都是他的失职。

此时的李斯只能曲意逢迎，违心称赞秦二世，将天下大乱的原因归结为各级官员对下属和百姓督导不力，建议秦二世继续加重刑罚。这一举措致使道路上到处都是受刑的百姓，滥杀无辜的官吏反而成为朝廷的忠臣。

公元前208年，李斯与赵高反目成仇，被赵高污蔑谋反，李斯悔不当初，后来被处以极刑，被腰斩于咸阳闹市，并夷了三族。

李斯深得荀子真传，凭借自己的努力，从一名县吏到最后位极人臣，实现了人生逆袭。但是他过分看重爵位与利禄，违背自己的初衷和良心，阿谀奉承，八面玲珑，为了爬上高位，不择手段，为权为财，费尽心力。人一旦成为欲望的奴隶，人就不再是人，而只是一团欲望的混合物。

掌局智囊

志不可骄,欲不可纵。

如果一味沉溺于欲望带来的快感,就会掏空自己,使自己迷失方向,甚至走向毁灭。虽然追求欲望、使欲望得到满足的感觉令人享受,但懂得克制,凡事有度,才是滋养身心的智慧。

慎重对待自己的欲望,辨明利害,有所节制,坚守底线,才能不被欲望所误,行稳致远。

第二章 养心秉性，智达慧心

心缺良善，言行必恶毒；
心缺美德，言行必下流；
心缺自尊，言行必卑贱；
心缺诚实，言行必虚妄；
心缺涵养，言行必粗陋；
心缺教化，言行必无礼；
心缺敬畏，言行必随便；
心缺知识，言行必愚钝。

一个人的修为有多深，人生的成就就有多大。

内心强大,可抵一切风雨

顺,不妄喜;逆,不惶惑。

人生注定充满了不确定性,我们无法预见下一刻命运会给我们带来什么样的考验。然而,强大的内心却能让我们在风雨中安然前行。命运的波澜与世界的无常,既是对我们的挑战,也是磨砺心性的机会。

唯有内心的强大,才能让我们在混乱的外部环境中依然保持清醒,不被情绪左右。

一个人的内心只要足够强大,外界的环境再糟糕,也不能影响他的心情。他们能够在困境中自我调节,寻找到新的出路,甚至在逆境中蓬勃生长。

作为秦国君主,秦始皇嬴政并没有生在秦国的土地上,而是生在赵国的都城邯郸。之所以如此,是因为嬴政的父亲异人(后改名为子楚),是秦国送去赵国的人质。

做人质的子楚和秦国最有影响力的两位君主有着千丝万缕的联系。其中一位君主秦昭襄王,他在位56年,53年都在打仗。他的努力极大地削弱了楚、韩、魏、赵等国的实力,为后来秦国统一天下打下了坚实的基础。这个人,是子楚的爷爷。另一位君主便是秦始皇,他一统六国,建立了秦王朝。这个人,是子楚的儿子。

子楚,是秦昭襄王的太子安国君嬴柱的儿子,是秦国的王子。

嬴柱有二十几个儿子，儿子多了就不稀奇了，何况子楚的母亲出身也不高贵，所以子楚的地位一直都十分尴尬。在赵国向秦国索要人质时，爹不疼娘不爱的子楚很快被选了出来送去赵国。

做人质和做王子的待遇千差万别，甚至还不如普通百姓。一方面，子楚的日子过得困窘不堪，要一分钱掰成两半花。另一方面，他要时刻提防秦国得罪赵国从而引发新的仇恨，得想方设法保全自身。最重要的是，子楚还要在被祖父和父亲当成弃子的情况下，努力强大自身信念，不在怨念、恐惧和愤怒中内耗自己、放弃自己。

后来，子楚终于等来了那个改变他命运的贵人——吕不韦。吕不韦是卫国的一位大商人，生意做得风生水起，却毫无王族背景，这和除了身份一无所有的子楚形成了强烈反差。

吕不韦告诉子楚："殿下眼下虽然看似被动，但只要精心运作，不仅可以回到秦国，再进一步也不是没可能。"

吕不韦确实有谋有策，他不仅投入巨资让子楚四处结交名士宾客，提升子楚的声望，还亲自跑到秦国去结交最受安国君宠爱的华阳夫人，说服没有子嗣的华阳夫人收子楚为继子，为其未来继续享受荣华富贵做好谋划。与此同时，吕不韦还给子楚介绍了一个貌美妩媚的舞姬做侍妾，这个舞姬，就是后来嬴政的母亲赵姬。

通过吕不韦的一番操作，子楚有了妻子，有了人脉，有了后台，还有了儿子嬴政。子楚对吕不韦当然万分感激，但是即便有吕不韦的帮助，他的逆袭之路仍然充满坎坷。

公元前257年，秦国派军队围攻邯郸，赵国在恼怒之下，决定杀死作为人质的子楚，以泄心头之恨。危急关头，吕不韦拿出重金买通守城官吏，帮助子楚逃出了赵国，直奔秦国而去。

看到多年不见的秦国城墙，子楚百感交集、热泪盈眶，跪在地上一通哭泣，但迎接他的却是哥哥公子溪的追杀。

无奈之下，子楚只能听从吕不韦的安排，暂时藏匿在暗无天日的咸阳监狱，熬过了那段初回秦国时的艰难时光。与此同时，子楚也拿出真诚的态度，在华阳夫人面前大尽孝道，以求得到她的帮助。

这段日子是漫长而艰辛的，好在前景还算明朗。6年之后，秦昭襄王去世，安国君嬴柱继位为王，华阳夫人被封为王后，子楚被封为太子。

在赵国苦挨7年的赵姬和嬴政也被赵国护送回秦国，一家三口终于得以团聚。

此后的子楚，事业上一路凯歌。

秦孝文王嬴柱在为父亲秦昭襄王守孝一年后得以加冕，但加冕才三天便突发疾病病逝，作为太子的子楚便继承了王位成为秦庄襄王。

到这个时候，对于子楚来说，他可以好好地报复和享受一番，这样才能得以释怀这些年的怨气。可是子楚没有这么做，他的表现非常具有君子风范。

子楚尊于己有恩的继母华阳夫人为华阳太后，也把自己的亲生母亲尊为夏太后；他对吕不韦感恩戴德，任命吕不韦为丞相，封文信侯，把洛阳的十万户送给吕不韦做食邑；他虽然早已听从华阳夫人的安排，在秦国另外娶妻并育有子嗣，却仍然把与自己在赵国共患难的赵姬当成心头宝，立为王后，且把赵姬生的儿子嬴政当成最爱的儿子，立为太子。

子楚念念不忘先祖的遗愿，立下了统一六国的宏图壮志。他在面对小封国东周国君的进犯时，立即派吕不韦统领十万大军，攻灭了东周七邑，迁东周公于阳人聚（今河南省汝州市西），周王朝的最后残余势力被彻底铲除。

落魄时不颓废，得意时不忘本，子楚的表现堪称典范。

但由于多年来太过殚精竭虑，透支了精气神，子楚只当了三年国君便走到了生命的终点。

临终时，子楚安排吕不韦监国，把时年13岁的嬴政叫到床头，让其拜吕不韦为仲父，也就是第二个父亲。他要求嬴政在政事上听从吕不韦的安排，等到20岁后再亲政。

不得不说，子楚的安排，保证了秦国政权的平稳过渡，为嬴政统一六国、建立秦朝奠定了坚实的基础。

秦庄襄王子楚，在赵国做质子多年，做秦王3年，35岁离世。他的一生，还没来得及绽放便归于黯淡。

与祖父秦昭襄王和儿子秦始皇相比，子楚的人生更像是一个过渡，一个起承转合的台阶，但我们却能从历史的尘埃中，看到他灵魂的高贵和内心的强大。他在逆境中不抱怨，在顺境中不张狂，一如既往地保持感恩、谦卑、敬畏的品性，孝敬母亲、信任妻子、疼爱儿子，不在意任何风言风语（坊间传言嬴政是吕不韦之子），只相信自己看到和感受到的一切。

在这个纷繁复杂的世界里，每个人都是独一无二的航行者，撑着自己的小船，在生活的海洋中穿梭。

有时，海面平静如镜，阳光洒满船头，让人心旷神怡；而有时，狂风巨浪接踵而至，考验着每一个灵魂的坚韧与勇气。

正是在这样的旅途中，我们逐渐明白，那些能够笑对风雨、允许一切发生的人，才是真正内心强大的人。

世界是自己的，只要内心强大，生命自然淡定从容，迎接并抓住人生的重大转机。

以诚待人，直领一众人心

★ 策略思维 ★

《孟子·离娄下》有云："诚者，天之道也；思诚者，人之道也。至诚而不动者，未之有也；不诚，未有能动者也。"

用自己最真实和真诚的心去对待他人，没有半点虚情假意，不以诳语欺人，这是做人必须具有的品格。

一个"诚"字既是为人处世的最佳态度，也是我们待人接物的最好方法。你用什么态度对待他人，他人就会用什么态度对待你。人心都是肉长的，人都懂得将心比心，你以诚相待，他人才会给你他的一片真心；最后在无形中，你顺利地通过他人达成心愿，他人还心甘情愿。

以至诚行天下，就会如有神助，以之育物，则万物兴盛；以之取人，则人人尽其精诚，倾其智力来辅佐。

★ 史例为鉴 ★

刘备出身贫贱，却能从最初的一无所有，到最后的称霸一方，离不开的是他广得人心。他不擅权谋心计，带兵打仗也有不足，但在弱者面前，却只有他会说出那句："吾不忍也。"

桃园三结义后，刘备的人生从此和关羽、张飞紧紧相连，长达几十年的岁月里，他们始终互相扶持，肝胆相照。

可以说，刘备所走的每一步，都应了那句话："人善，自有天助。"

曹操攻打荆州，在刘备撤退途中，仍有许多百姓心甘情愿追随刘备。

旁人都劝刘备丢下百姓，自保要紧。

没想到刘备却义正词严地回答："夫济大事者以人为本，今人归吾，吾何忍弃去！"这一举动一时之间传为佳话，为刘备得人心无数。

三国时期蜀国名相诸葛亮出师北伐前，在其名垂千秋的《出师表》中这样写道："先帝不以臣卑鄙，猥自枉屈，三顾臣于草庐之中，咨臣以当世之事。由是感激，遂许先帝以驱驰。"

诸葛亮在感慨流涕之余，对刘备的继承者后主刘禅，也是发自内心地竭诚辅佐，鞠躬尽瘁，死而后已。他之所以如此，就是要报答刘备的至诚之遇。

当年，诸葛亮躬耕于南阳，"苟全性命于乱世，不求闻达于诸侯"。雄心勃勃的刘备带着关羽、张飞三顾相请。

刘关张兄弟三人"一顾"时，诸葛亮故意躲出去。关羽、张飞两人就有点儿不耐烦了。

急性子的张飞说："既然他不愿见我们，我们走了便是。"

刘备说："等一下再说，无妨。"

又等了好长时间，确实无望，关羽说："不如且归，再使人来探听。"

兄弟三人这才离去。

"二顾"时，张飞见刘备又要亲自去，发脾气说："量一村夫，何必哥哥自去，可使人唤来便了。"刘备劝说一番，三人又一同出发，可还是没见着。

"三顾"时，关羽、张飞都极不高兴，关羽话说得很轻却落得很重："兄长两次亲往拜谒，其礼太过矣。想诸葛亮徒有虚名而无实学，故避而不见，兄何惑于斯人之甚也！"

张飞则更按捺不住，甚至准备动武："量此村夫，何足为大贤！今番不烦哥哥去，他如不来，我只用一条麻绳缚将来！"

刘备却心诚意坚，一面呵斥张飞的鲁莽，一面对关羽说："不然，昔齐桓公欲见东郭野人，五反而方得一面，况吾欲见大贤耶？"为了求得诸葛亮，别说"三顾"，恐怕再多次拜访，他也会毫不犹豫地去请。

一连两次都扑了空，第三次终于见到了仰慕已久的诸葛亮。刘备立即谦逊地请教："现在汉朝崩溃，天下大乱，权臣控制朝政。我不度德量力，想伸义于天下，完成统一大业，恢复汉朝的统治，但由于才疏德薄，屡遭挫折，至今一无所成。不过，我并未因此而心灰意冷，还想干一番事业，希望先生为我谋划。"

诸葛亮被刘备诚心尽礼的态度和正义的雄图所打动，便暗下决心倾其所能以报知己。他毫无保留地从政治、经济、军事、地理、人事等方面，对天下形势进行了精辟的分析，并为刘备具体谋划了战略目标和步骤，这就是著名的"隆中对"。

刘备听后赞叹不已，觉得相见恨晚，于是热诚地邀请诸葛亮出山辅佐自己成就大业。诸葛亮慨然答应了他。

刘备求得诸葛亮后说："我得孔明，如鱼得水。"

诸葛亮一到刘备军中，刘备不仅礼待如兄弟，而且即刻委以重任，言听计从。

诸葛亮也以诚报诚，尽力施展自己的才华。他首先帮助刘备扩大军队，很快由几千人发展到上万人，又广纳人才，结好地方，使一直受挫的刘备看到了希望。

建安十三年，曹操亲率大军南下，对长江以南虎视眈眈。诸葛亮自告奋勇，前去游说孙权联合刘备抗曹，导演了"赤壁之战"，使得曹操败北。三国鼎立的局面至此形成。

赤壁之战后，诸葛亮积极谋划，并不辞劳苦，亲自征战，辅佐刘备出兵占领了荆州以南的地区，继而又占领了益州。

建安二十二年，诸葛亮又在定军山大破曹军，使刘备一举占领了汉中。

由于刘备真心诚意地器重诸葛亮，尊敬诸葛亮，礼遇诸葛亮，使诸葛亮不但在刘备生前尽心尽力，在刘备死后，更是以仲父之身、慈母之心辅佐后主刘禅。

刘备和诸葛亮这一对君臣,成了历史上以诚相待、以诚相报的典范。

而刘备的"弘毅宽厚,知人待士",并不仅仅"专属"于诸葛亮。襄樊之战的时候,糜芳背叛关羽,投降了孙权。夷陵之战后,黄权率军被迫投降曹魏。刘备对糜芳的兄长糜竺以及黄权的家人,都没有处置。

只有与下属肝胆相照、推心置腹,把自己的心交给下属,与下属荣辱与共、生死相依,解其之难、救其之危,设身处地为他们着想,才能感动他们,使他们真心愿意为你的事业效力,心甘情愿地向你敞开心扉。

这样真诚宽厚的待人方式,让刘备在历史长河里留下了让人尤为敬佩的人格魅力。

一两重的真诚,胜过一吨重的小聪明。

晚清重臣曾国藩先生曾经给"诚"下过一个定义:一念不生是谓诚,故"诚于中,必能行于外"。真诚在内心就是纯净赤诚,表现在外就是真实不虚,率真坦诚,如此则必然心怀坦荡正直无私。

真诚,并不是一件漂亮的外衣,也不是一套随时可以戴上的面具。真诚,是一种相伴终生的人格力量。

人品高贵者,活得坦荡,亦会受人尊敬。真诚待人者,付出真心,亦能收获实意。厚道处世者,值得信赖,亦有长久发展。

能屈能伸，拼出一片天地

☆ 策略思维 ☆

《易经·系辞下》中说"尺蠖之屈，以求信也；龙蛇之蛰，以存身也"，后世演变成一句俗语叫"大丈夫能屈能伸"。它表示一个人在面对困境时，不会一味地固执己见，而是能够适时地调整自己的心态和行动方式，以适应外界的变化。

人生的道路不可能一帆风顺，难免会遭遇各种挫折的考验，要真正成为俊杰，除了要识时务，更要学会能屈能伸。

当我们遇到暂时无法战胜的困难、强敌时，不妨采取忍耐的态度，以退为进，积攒力量，在忍耐中寻找东山再起的时机。当机遇来临时，就可以大干一番，展现自己。真正的强者就是要懂得委曲求全，进退有道，能屈能伸。

汉初的淮阴侯韩信是一位叱咤风云的战将，为汉王朝的建立立下了赫赫战功。就是这位盖世英豪，早年却忍受了不少奇耻大辱。

韩信本来是淮阴人，出身贫寒，既不能被推举做官吏，又不会从事生产或做生意赚钱，所以常常到熟人家里去混饭吃，弄得人家都不喜欢他。

他曾经多次在邻乡的一个亭长家里求食，一求就是几个月。亭长的妻子很讨厌他，于是很早就起床做饭、吃饭，等韩信去的时候，已经没有饭了。韩信当然知道是怎么回事，从此便再也不去亭长家。

有一天，韩信到淮阴城的河边去钓鱼，有几位老大娘在那里漂洗丝绵。其中有一位老大娘见韩信到了吃饭时间还坐在河边，一副饥肠辘辘的样子，知道他没有饭吃．便把自己带来的饭分给他吃。此后一连数十天都是如此。

韩信非常感动，向老大娘道谢说："我将来一定加倍报答您。"

老大娘却说："谁稀罕你的报答呢？一个堂堂男子汉却养不活自己，我是看你可怜才给你饭吃。"

当时，淮阴城有个年轻屠户也很看不起韩信，他轻蔑地对韩信说："别看你身材高大，又喜欢带刀佩剑，其实你是个胆小鬼。"

韩信根本不搭理他。

那年轻屠户又当众侮辱他说："你怎么不吭声呢？难道你不敢承认吗？那好，如果你不是胆小鬼，就刺我一刀；要是你不敢刺我，那就承认你是胆小鬼，并从我的胯下爬过去！"

韩信看了看他，沉思了一会儿后，居然真的低头俯身从年轻屠户的胯下爬了过去。那人哈哈大笑，满街的人也都嘲笑韩信，认为他胆小怕事。

后来，项梁率兵起义，韩信拔剑从军，但一直没有什么名气。项梁兵败后，韩信又跟随项羽的部队，也只做到郎中官。他多次向项羽献计都没有得到采纳。

当汉王刘邦率兵进入蜀地时，韩信从楚军中逃出来投奔了汉军。一开始他并没有得到重用，只做了一个管理粮仓的小官，后来终于得到萧何的赏识，被萧何全力保举给刘邦做了大将。从此，韩信一举成名，为刘邦打下了半壁江山。

垓下会战彻底打败了项羽后，刘邦封韩信为楚王。

韩信到达封地，找到当年曾分给他饭吃的那位老大娘，赏给她黄金一千两作为报答。韩信又找到那位亭长，只赏给他一百钱，对他说："你是个小人，做好事有始无终。"

最后，韩信找来那位曾让自己受到胯下之辱的屠户。令人惊讶的是，韩信不但没报复他，反而还任命他为楚国中尉。韩信对将领们说："当时他侮辱我时,我难道真的不敢杀他吗?不是的。但我杀了他就不能成名,不能实现自己的抱负了,所以我忍辱而活,才达到了现在的境地。"

"知行知止唯贤者,能屈能伸是丈夫。"能屈能伸,就是说在不得志时能承受屈辱,克制忍耐,在得志时能施展抱负。这句话正是韩信的写照,所以,他称得上是一位大丈夫。

一般说来,能屈能伸不像是智谋,而更像是一种气度,一种素质。但从韩信的自白来看,从孔子所谓"小不忍则乱大谋"来看,能屈能伸也是一种智谋,一种投资痛苦而回收时间较长的智谋,甚至还可以说是人生的一大智谋。

这种智谋的功夫在一个"忍"字。

所谓"心字头上一把刀,遇事能忍祸自消。"忍得一时之气,免却百日之忧。

只有忍辱才能负重,只有忍才能屈,只有屈才能伸。正如韩信自己所说,倘若当年没有忍胯下之辱,哪有后来的齐王楚王?哪有后来的淮阴侯?

苏洵说:"一忍可以支百勇,一静可以制百动。"(《权书·心术》)

做到足够忍耐,足够隐忍,足够心静,方能修身养性,打造出能屈也能伸的智慧和实力。

缩回来的拳头打出去更有力量。所谓能屈能伸,就是既能站得住,又能趴得下。能把拳头缩回来,就能再打出去。

生活并非一成不变,不是任何时候都是对我们有利的。当条件对我们不利时,我们需要委曲求全,暂时缩回拳头,积蓄力量。当不利条件过去,有利条件到来的时候,我们就可以用拳头主动出击。

藏拙显拙，抓住一线生机

★ 策略思维 ★

古人云："木秀于林，风必摧之；堆出于岸，流必湍之；行高于人，众必非之。"（《运命论》）

做事招摇，终将被抛弃，为人低调，方能保长久。

与其外秀于世，自毁前程，不如内敛修身，成人达己。适时示弱，事事藏拙，时时糊涂才是遇事最高明的处理方式。

生活中，有些人往往自以为是，喜欢展示自己的聪明，却往往聪明反被聪明误。有的人，平日里看似愚笨，不显山不露水，却是在用心看世界，洞察世事，这种愚笨反倒是大聪明。

懂得将"巧"藏在"拙"下的人是真正的聪明人。

★ 史例名鉴 ★

吴起镇守西河的时候，秦人不敢来犯，百姓安居乐业。多年过去了，魏文侯逝世，传位给太子魏击，即魏武侯。

文侯在世期间，励精图治，广纳贤士，重用乐羊、李克、吴起等人。李克进行经济改革，令魏国国库充盈；吴起训练出能以一敌十的魏武卒，为魏国开疆拓土。

可以说文侯为后代攒下了丰厚的家底。可是，在优渥家境中成长的孩子一切顺风顺水，心态上比较容易认为一切理所当然，很难做到像父辈那样谦卑宽厚、求贤若渴。

文侯死后，李克没过几年也逝世了。文侯时期的那批老重臣，就剩吴起了。

一朝天子，一朝臣。以吴起的才干，武侯本该继续重用吴起，但他却任命田文为宰相。

吴起很不服气，跑去质问田文。

吴起说：“率领三军，使士卒慷慨赴死，让敌国不敢打魏国主意，您赶得上我吗？”

吴起又说：“统领百官，亲近百姓，促进生产，充实国库，您比得上我吗？”

吴起接着说：“守卫西河，让秦兵不敢东向，韩国、赵国都只能唯命是从，您做得到吗？”

田文说：“我不如您。”

吴起说：“既然您方方面面都不如我，凭什么您的地位比我高呢？”

田文说：“新主年少，上层互相猜疑，大臣还未亲附，百姓对新朝还没有信任和信心。在这个时候，您说，用您做宰相呢？还是用我做宰相呢？”

吴起默然良久，说："该用您做宰相！"

吴起不是狂妄无赖之徒，他亦有谦卑自省的一面。看到田文的稳重和朝堂的需求，他心悦诚服。但是，他卓越的才干就像一把利剑，尖锐刺人，杀伤力特别强，就像他这个人给人的印象一样。

除了给人锐气太重的感觉，吴起在为人处世上，也缺少一点圆滑。

有一次，魏武侯巡查，来到西河郡，吴起陪同，乘船沿西河顺流而下。船开到中流，魏武侯面对大好河山，大发感慨，对吴起说："美哉山河，固若金汤，此魏国之宝也！"

魏武侯觉得有这样险峻的地势相护，易守难攻，这山河是国家的宝藏啊。

吴起却一本正经地说："国家安全，在于君王之德行，不在于地势之险要。"他以三苗、夏、商为例，侃侃而谈，充分佐证了自己的观点。他强调道："从古至今看下来，国家安全都在德不在险，如果君上您不修德，这舟中之人就都是敌人。"

魏武侯听后，回了一句"说得好"便不再说话。

说得好听吴起这是心直口快、直言不讳，说得不好听就是口无遮拦、自以为是。直言不讳并不是智慧，知道在合适的时候，说出合适的话语，起到最大的效果，才是真智慧。

吴起居功自傲，不懂察言观色，又不考虑他人感受，加上说话不过脑，久而久之，就为自己埋下很多隐患。

得罪人而不自知，树敌多，而帮扶助益者少。

后来，公叔痤娶了公主为妻，成了魏国宰相。他嫉恨吴起，想把吴起除掉。

公叔痤的一个手下向他献计："除掉吴起很容易。吴起这个人，为人刚劲，而且自鸣得意。您先给君上说：'吴起是个大才，而咱们是个小国，怕留不住他！君上不如把公主下嫁给他，他如果不想在咱们魏国久留，一定会拒绝这门亲事。'然后呢，您再请吴起到家里做客，让夫人对您百般凌辱，吴起看到娶了公主之后生不如死的生活，一定推辞，咱们的计策就成功了。"

公叔痤非常开心，依计而行。

吴起到公叔家做客，看到公叔痤被公主呼来唤去，随意凌辱，果然在心里留下了糟糕的印象。

没过多久，魏武侯又提起要嫁女给他，他吓得赶紧推辞。魏武侯下嫁公主，居然被吴起拒绝，因而特别愤怒，怀疑吴起有二心。更何况一直以来，吴起也居功自傲，魏武侯心里本来就膈应。

吴起这个时候就算知道自己上当也来不及了，他怕国君不信任他，要找机会除了他，只能走为上计，逃跑投奔楚国去了。

楚悼王一向仰慕吴起的贤名，吴起一到，就直接任命他为楚国宰相。

此时的楚国，正被内部各贵族世家拖耗得半死不活，急需有贤能人士来大刀阔斧地革新换血。

吴起有能力又有魄力，正是天降奇才。他在楚国推动改革，修订法律。罢黜所有只领薪水、没有具体工作的闲散官位；废除血缘疏远的公族的爵位俸禄，把国家财政用来培养战斗之士，提高军队待遇和战斗力；坚持独立自主的外交政策，既不合纵，也不连横。

随后，吴起带兵三面出击，南平百越，北却三晋，西伐秦国。在他的带领下，楚国国力大涨，迅速崛起。

但楚国的贵族大臣因为吴起触动了他们的利益，非常仇恨吴起。楚悼王一死，他们就群起反叛，合力围剿吴起。吴起退到他敬爱的楚悼王遗体旁，被乱箭射死。

一代战神，一代天骄，就这样惨死而不得善终，了结一生。

一个人，才能再高，也需要有一个能够被赏识、包容、信任的平台。且不论能否遇到这样的平台，不论能否发光发亮，若要得善终，就要懂得藏拙，懂得给自己留后路。

藏拙积善，福报多了，人生的道路才会越走越宽。

《道德经》有云："光而不耀。"真正聪明的人，从不过分炫耀，彰显自己，反而会在恰当的时候，选择"低头"，藏巧于拙。懂得低头，方能出头。敛藏自己，既是保全之道，亦能冲云破雾。

人越在高处，越在明处，行事越要谨慎低调，收敛锋芒；否则，就会成为众矢之的，招来祸端。做人，虚怀若谷、谦卑自守，往往能够赢得信任、得以保全，遇事不张扬、不炫耀，低调内敛，往往进退有度、事事顺遂。

一个有才有德的君子，要善于掩藏自己的智慧，不显露过人的本领，如此才能肩负起重任。处巧若拙，大智若愚；处明若晦，藏锋敛锐；处动若静，待时而动。

与人为善，方留一条活路

★ 策略思维 ★

《道德经》说："上善若水，水善利万物而不争，处众人之所恶，故几于道。"

水善于滋润万物，而不与之相争，停留在众人都不喜欢的地方，因而知道天下大智乃是与人为善。

与人为善，眼睛所见皆是美好，待人真诚、友爱，说话恪守信用，渐渐将其内化成自己的美德，必将办事善于发挥能力，行动能够把握时机。

★ 史例为鉴 ★

在北宋真宗时，寇准，也就是寇天官，与杨家将佘老太君这些人关系特别好。

寇准与王旦同朝为官，王旦任宰相，寇准管着枢密院的事，相当于副相。两人的性格一刚一柔，经常会发生一些摩擦。

有一天，中书省的文件送到了寇准这里，但文件格式不符合通用的格式标准，寇准就把这件事情告诉了宋真宗。没过多久，王旦和他负责的部门官员全都受到了真宗的责备与批评。

过了不到一个月，寇准主管的枢密院也有一份文件送到了中书省王旦这里，他也犯了同样的错误——文件格式不符合标准。

中书省的官员兴高采烈地将这份文件拿到了王旦面前，因为这是一个可以报复寇准的好机会，让他也尝尝被皇帝批评的滋味。

但是，王旦并没有这样做，而是叫人把文件还给寇准。寇准见到文件之后非常惭愧，于是便亲自去拜访王旦。

寇准见到王旦之后就说："宰相啊，您真是有天大的度量。"

王旦与人为善，他用一颗宽容的心对待同事犯下的错误，主动消除彼此之间的隔阂，并且在这个过程中还不忘保全对方的面子。

正是这种高尚的情操，王旦才能成为政绩卓著的一代名相。用自己的行为让同事发自内心地敬重他，这种行为就叫与人为善。

与人为善实际上就是心态问题。你若心胸豁达，就能做到宽以待人，不会抓住别人的错误不放，耿耿于怀，或是寻求机会报复。

春秋时期，战乱不断，令尹斗椒谋逆起兵反叛楚庄王，在危急时刻，名将养由基射杀了斗椒。

平定叛军后，楚庄王心中高兴，大宴群臣。笙歌曼舞，推杯换盏，宴席从中午开始，一直到日落西山，有些大臣已经喝得东倒西歪。

楚庄王却犹未尽兴，为了助兴，并表示自己对功臣的重视，于是召来自己的爱妃许姬给大臣们敬酒。

许姬长得玉貌花容，杨柳细腰。她轻移莲步，端着酒杯，缓缓走到群臣面前。大臣们都看呆了，见许姬过来，慌忙起身行礼。

忽然，一阵疾风吹过，大厅的烛火顿时熄灭，四周一下子陷入一片昏暗。

黑暗中，许姬的手突然被一个男人抓住。惊慌的许姬在挣扎中，碰到他头上的帽缨，一使劲扯了下来。

趁着男人怔住的工夫，许姬挣脱了他，摸黑跑到楚庄王身边，将帽缨递给楚庄王，低声说了此事，并说："没有帽缨的人就是轻薄我的大臣，大王一定要重罚此人。"

楚庄王听后本来十分气愤，可他沉默了一会儿，却悄声对许姬说："不要声张。"

这时，侍者找来火折准备点亮蜡烛，楚庄王却连忙制止，说道："且慢,大家先把帽缨都摘下来,再点亮烛火。"

大家不明所以,但都按照君主的要求除掉了帽缨,最后宴席尽欢而散。

楚庄王回到后宫,许姬嗔怪地问:"大王,百姓都知道男女授受不亲,何况大臣,有人轻薄我,大王为什么不惩罚无礼之人?"

楚庄王呵呵一笑说道:"这事是我的错,不该怪大臣。"

许姬很是疑惑:"怎么是大王的错?"

楚庄王说:"礼曰,君王和臣子喝酒不应夜以继日,而我却与大臣们从白天喝到晚上,这是我的错。"

接着他又说道:"你长得这么漂亮,大臣们酒后失态,也是情有可原啊。"

楚庄王当然可以凭着帽缨找到无礼之人,可刚平定内患,人心不稳,杀了此人固然解气,却只怕人心惶惶,朝堂又要动荡。楚庄王不能因这事失了臣子之心,所以他选择了不追究。

让楚庄王没想到的是因为他的一时隐忍,竟意外收获了一员猛将。

几年后,楚庄王攻打晋国,一位名叫唐狡的副将奋勇杀敌,自告奋勇带领几百人做先锋,几场战斗都冲杀在最前面,所向披靡,令晋军闻风丧胆。

楚庄王喜爱这员猛将,要重赏他,可是唐狡却极力拒绝。

他说:"大王已经对我恩德深厚,不敢再接受厚赏。"

楚庄王面露疑惑,不记得自己什么时候有恩于他了。

唐狡面露愧色,跪倒说道:"我罪该当死,上次摘缨宴会上,是我酒后失态冒犯了许姬,大王宽宏不治罪,我一直铭记在心,定要为您肝脑涂地,冲锋杀敌。"楚庄王听后不胜感慨。

《孙子兵法》中,有一条叫"围师必阙"。意思是,包围敌人时要留出一道缺口,留给士兵逃亡时用。

凡事留有余地,看似当下吃亏,实则赢了长远。三十年河东,三十年河西。今天你把他人逼入绝境,来日他人也可能让你走投无路。事不可做绝,留三分情面。也许他日你陷入困境时,就会得到此时善举的回报。

☆ 掌局智囊 ☆

与人为善，福虽未至，祸已远离。以善目观照万物，以善心度量世界，以善举行走人间，人自然变得宽厚博大。

我们常说遇方便时行方便，得饶人处且饶人，其实这不光是替别人着想，说到底也是对自己有利。

都是普通人，都有做错事的时候，别人做错事你穷追猛打，轮到你做错，别人多半也不会轻饶你。而如果你能多点体谅，对别人无伤大雅的错误高抬贵手一笑了之，别人心存感激，遇到你出错，自然也会体谅你。

与人为善，放人一马，给人留条活路，也许这条路，最后就成了你的路。

第三章 容恕公正，仁以得心

有智慧的人是谦和而宽容的，能凡事做到包容的更是优雅之人。

很多优秀的人，无不具有包容的品格。生活中，一个大气包容的人，涵养深厚，家庭幸福，朋友众多；而一个斤斤计较的人，处处困于得失，流于琐碎，日渐狭隘。

**当你腹中能撑船，
遇到的所有人，便都是你的摆渡人。**

容人之难，方见内心品格

★ 策略思维 ★

容人之难，是一种高尚的品质。每个人都会遇到困难和挫折，在别人身处困境时，我们不应该袖手旁观，而是要给予理解和帮助。这种宽容和善良，能够化解他人的困境，也能为自己赢得尊重和信任。

《省心录》中有言："和以处众，宽以接下，恕以待人，君子人也。"和善地对待众人，宽容地对待属下，宽恕别人的过错，这是君子所为。

君子的内心品格在一个"容"字，他们深知人生的不易、世事的艰辛，如果能对人多一分包容，那么对方也会多一种选择。

★ 史例为鉴 ★

蒋琬，字公琰，三国时期蜀国著名的政治家，与诸葛亮、费祎、董允并称"蜀汉四相"。

在蜀汉后期政坛上，蒋琬的名气似乎不如八次伐魏的姜维，古典名著《三国演义》中对蒋琬的描写也是寥寥几笔。但实际上，蒋琬是诸葛亮指定的第一接班人。

蒋琬之所以能在危难之际从诸葛亮手中接过匡扶汉室的重任，与他宽厚待人、虚怀若谷的高尚品格有很大的关系。

在与同僚相处的过程中，蒋琬处处以大局为重，谦恭下士，且能容人之过、听人之言，尽显君子风范。

蒋琬被诸葛亮指定为接班人，掌管蜀汉军政大权，能力毋庸置疑。但有人看到蒋琬仕途顺利，位极人臣，很是不服。

诸葛亮去世后，长史杨仪率蜀军撤回，后又平定魏延叛乱，自觉功勋卓著，便目中无人。当他看到蒋琬官位在自己之上时，心生忌妒，时常口出怨言，甚至还对费祎抱怨，说自己后悔当初没有降魏。

不料，费祎马上就将他给告发了。

刘禅得知后非常生气，将杨仪逮捕入狱，准备斩首。

蒋琬和杨仪都曾是诸葛亮的得力助手，二人共事多年。在处置杨仪一事上，蒋琬没有乘人之危，反而展现出非凡的雅量。

他面见刘禅，替杨仪求情道："杨仪确实犯了重罪，但他毕竟是追随丞相多年的老臣，也曾立下很多功劳，不应被杀掉。可以免去他的官职，贬为平民。"

刘禅觉得蒋琬说得有理，便采纳了他的建议。

在今四川省绵阳市郊外的蒋恭侯祠门前，有这样一副对联："小心自可襄诸葛，大度尤能恕二杨。"这是对蒋琬一生功绩和道德情操的真实写照。

"二杨"指的是东曹掾杨戏和督农杨敏。二人都是蒋琬的下属，能力出众，但对自己的上级蒋琬却颇有微词。对此，蒋琬并不计较，而是雅量容人，以宽广的胸襟接纳他们对自己的意见。

杨戏曾担任督军从事、相府主簿等职，由于办事公正，颇受蒋琬赏识，被提拔为东曹掾。但他性情孤傲简慢，平日里不怎么爱说话，即使与人交谈的时候也不愿多表达自己的见解，更不会无故赞美他人。

蒋琬曾多次找杨戏议事，但杨戏要么不见，要么见了也不怎么说话，这让蒋琬身边的人觉得很是不解。

有人看到杨戏如此对待自己的上级，便对蒋琬说："每次您与杨戏交谈，他都爱搭不理的，态度还十分傲慢和无礼，真不是应该有的态度。"

蒋琬听后，平静地回答道："人心各不相同，就如同每个人的面貌各不相同一样。若是表面顺从，怕得罪人而口是心非，阿谀奉承，私底下却说别人的坏话，这是小人的行径，应当引以为戒。杨戏如果当面赞扬我，就违背了他的本心；倘若公开反对我，又担心影响了我的声望。因此，他只好沉默不言，这恰恰展现了他为人正直的一面。杨戏真是一个性格直爽的人。"

蒋琬非但不责怪杨戏对自己的诸多不恭敬之举，反而肯定了他，甚至比以前更重用他。

后来，杨戏担任了南中郎参军、护军、监军等职，成为蜀汉重要的官员。

蒋琬去世后，姜维主政，杨戏的老毛病没改，经常在谈笑间讥讽自己的上级姜维，表达自己的不满情绪。

姜维可不同于蒋琬，他将杨戏的所作所为一一上表朝廷。很快，杨戏便因此被贬为庶人。

杨戏不愿与蒋琬交往主要是性格使然，而督农杨敏则是打心眼儿里瞧不起蒋琬。杨敏只敬重诸葛亮一人，常常明目张胆地与蒋琬作对，甚至散布流言，对蒋琬进行恶意毁谤。他在众人面前宣称："蒋琬能力平庸，办事十分昏聩，与前人相去甚远。"

杨敏狂傲的言辞招致许多官员的不满，他们纷纷请求蒋琬对其严办。

可蒋琬却不以为意，对主张惩罚杨敏的官员说："我确实能力比不上前人，这没有什么可否认的。"

此话一出，身旁的官员多不解其意，又询问蒋琬："您是何事办得糊涂？"

蒋琬对众人说："杨敏所说的不如前人，就是指事情办得不到位，处事不当便是糊里糊涂。为什么还要问呢？"

听到这些话，众人无语，蒋琬也就没有对杨敏再追究责任。

后来，杨敏运送粮草不力，贻误战机，获罪入狱。众人都觉得他此次凶多吉少，会被处死。但蒋琬秉公执法，丝毫没有受先前杨敏侮辱自己之事的影响，甚至还在刘禅面前替他说情，让他免于重罪。

掌局智囊

日常生活中，每个人都有自己的苦和难，都在承受着生活的压力和工作的烦扰。人生际遇中的重重难关，压着每一个人。

没有人能对别人的苦难感同身受。然而即使每个人的苦难不相通，也可以在宽容理解中得到一丝慰藉和温暖。

这温暖是每个人对他人善意的释放。没有经历他人的苦难，不了解个中原因，与其出言指责，不如选择包容。容人之难也是容己之难，长此以往心胸定会在宽容中开阔。

容人之短，方见胸怀博大

☆ 策略思维 ☆

一张只有一个黑点的白纸拿给你看，如果问你看到了什么？大多数人都会回答一个黑点。这就是心理学中所说的黑点效应，我们的本性容易抓住一个点不放，而忽视它本来的全貌。

秦朝李斯在《谏逐客书》中说："泰山不让土壤，故能成其大；河海不择细流，故能就其深。"泰山不舍弃任何土壤，所以能那样高大；河海不排斥任何细流，所以能那样深广。人也一样，成大事者，不仅自身要有能力，更要有不以小恶弃人大美的智慧和远见。

为人处世不过度挑剔，不过度放大缺点和瑕疵，是优秀者一生的必修课。生活中，每个人都有自己的缺点，在不涉及基本的底线和原则的时候，包容是最好的态度。

☆ 案例为鉴 ☆

春秋初期，卫国有一个叫甯戚的人，他饱读诗书，却怀才不遇。听说齐桓公招揽人才，甯戚虽然想在齐国实现自己的远大抱负，却因为家境贫穷，路费不够，无法前行。

一天，甯戚给一个商人当车夫，随车到达了齐国。

夜幕降临，城门关闭，他们便在齐国都城大门外找了一家客栈住下来。

碰巧，当天晚上齐桓公到郊外迎接贵客归来，只见城门大开，车水马龙，灯火通明，一行浩浩荡荡，好不威风。

正在车旁喂牛的甯戚，远远望着这支迎客的队伍，心中难免有些伤感，于是，他拍打牛角高声吟唱："南山灿、白石烂，中有鲤鱼长尺半。生不逢尧与舜禅，短褐单衣才至骭。从昏饭牛至夜半，长夜漫漫何时旦？"

齐桓公被歌声吸引，便对身边的人说："美妙！这唱歌者绝非等闲之辈！"于是，他命人将甯戚带进城，随之召见。

第一次见面，甯戚论述了治理齐国的举措，但齐桓公没有表态。第二天又见，甯戚畅谈治理天下的大道理，齐桓公大喜，准备赐他高官厚禄。

这时，群臣纷纷站出来阻挠，说："他只是一个来自卫国的贫贱之人。卫国距离齐国不远，您不妨派人去卫国打听一下，如果他确实是一个贤人，再任用也不晚。"

齐桓公答道："不用了，如果真的去打听，我担心会有一些小缺点。以人之小恶，亡人之大美，这是君主失去天下的原因。"

就这样，甯戚成为齐国的大司田，尽心辅佐齐桓公，在齐桓公成就霸业的过程中发挥了重要作用。

与人相处，本就是一个相互感知、相互认可的过程，用挑剔的眼光去看待他人的短处，只会恃才傲物，让自己变得平庸且消沉。

明代学者薛瑄说："唯宽可以容人，唯厚可以载物。"

生活中，每个人都有缺点，在不涉及基本底线和原则的时候，包容是最好的态度。

与人相处，不用过于挑剔，不必过分严苛，当我们以宽容之心，去容人之短，也将收获更多的信任与尊重。

什么是真正的朋友？应该是在看清对方的短处之后，还能继续交往的人。

齐庄公五十六年，管仲出生。管仲的祖先是周穆王的后裔，与周王室同宗，他的父亲管庄是齐国的大夫。管仲出生后不久，父亲因病去世，他从小和母亲相依为命。

管仲虽是周王的后代，但生活并不轻松，成长也不容易。他家境贫寒，机会并不多，但在他20岁的时候，管仲认识了改变他一生的人——鲍叔牙。

鲍叔牙的家境和管仲相似，他的祖上曾当过大夫，到了鲍叔牙这一代，也成了士人。

最初，管仲和鲍叔牙合伙做买卖。管仲家里穷，拿出的本钱没有鲍叔牙多，可是到分红的时候，他却要多拿。

鲍叔牙手下的人看了都很不高兴，骂管仲贪婪。鲍叔牙却解释说："他家生活挺困难的，是我自愿让给他的。"

后来，两个人一起参军打仗，冲锋的时候，管仲总是跑得很慢，落在最后；而撤退的时候，管仲却跑得飞快，总是打头阵。

士兵们都耻笑他临阵脱逃，鲍叔牙却说："管仲不是贪生怕死，他这样忍辱负重地活着，是因为家有老母亲需要他照顾，所以不能轻生。"

管仲听了鲍叔牙的这番话，感慨万分说："鲍叔牙知我不耻小节，而耻功名不显于天下也。生我者父母，知我者鲍子也。"

过了两年，管仲的母亲病逝，他心中没了牵挂，便将所有心思放在了为齐国效命上，作战时比谁都勇敢。很快，管仲就得到了提拔和重用。

后来，管鲍二人都得到了齐王室的重用。管仲追随公子纠，鲍叔牙追随公子小白。公子纠和公子小白都是齐襄公的弟弟。

不久，齐国内乱，公子小白逃往莒国，公子纠逃往鲁国。齐襄公在内乱中被杀，国无君主，公子小白和公子纠都想抢先一步回到齐国，争当国君。

知道公子小白走在了前面，公子纠非常着急，怕去晚了抢不到王位，管仲带上弓箭，自请先行，埋伏在小白必经之地。待小白走近，管仲一箭射中小白。小白口吐鲜血，应声倒地而死。

管仲非常高兴，以为没了后顾之忧，也就放慢速度，从容赶往齐国。

不想，公子小白只是装死。骗过管仲后，小白和鲍叔牙昼夜兼程，抢先到达齐国，顺利登上君位。公子小白就是历史上著名的春秋五霸之首——齐桓公。

齐桓公想立鲍叔牙为丞相。鲍叔牙说:"如果你想治理好齐国,有我就够了;如果你想称霸天下,非管仲不可!请让管仲来做齐国丞相。"

齐桓公一听就火了:"我跟他有一箭之仇未报,我恨不得食其肉,寝其皮,怎还能重用他?"

鲍叔牙坚持说:"各为其主是起码的做人准则,他当时那样做没什么不对的。更重要的是管仲的才能远远超过我鲍叔牙,您想要成就霸业,非管仲辅佐不成。"

齐桓公终于被说服了,他不仅没杀管仲,还让管仲当了齐国的宰相。鲍叔牙则心甘情愿地当管仲的助手。在管仲的辅佐下,齐国迅速强大起来。

用人如用器。倘若用一把尺子只量人所长,世上就会无可用之才;倘若只从短处看人,人人都成了平庸无用之辈。故用人当善用其长,容人亦容人之短。

大千世界,芸芸众生,人无完人,金无足赤。每个人的短处都是客观存在的,一个容不得别人短处的人,是很难与人共事相处的。

既然有"短"之存,就必有用"短"之术,关键在于把"短"用到适当的地方并让其发挥作用,这样就会"短"中见"长"。

与其放大别人的弱点,不如取人之长,容人之短。只有当你以宽厚之心,去容人之短,才能赢得更多敬佩与尊重。

容人之长，方见眼界阔达

★ 策略思维 ★

《庄子·庚桑楚》中说："不能容人者无亲，无亲者尽人。"人如果没有容人的雅量，只会让人敬而远之。

容人之短不易，容人之长尤难，需要更宽的胸怀和更高的境界。

对水平高于自己的人，是心怀不满还是真诚点赞，考量的是胸襟和远见。往往一个掌局的人，都有着为别人鼓掌的襟怀。

所以身为一个掌局者，一定要知道能容得下多少人，就能赢得多少人。容人之长，特别是敢于和善于任用才能高于自己的人，必然会使四方人才汇集麾下，使事业发达。

★ 实例为鉴 ★

人各有长，取人之长补己之短，可以相互促进，阴阳平衡，事业才能发展。

汉高祖刘邦曾问韩信："你看看我能够统领多少兵马？"

韩信说："陛下不过能够统领十万兵马而已。"

刘邦说："那么，你能够统领多少兵马呢？"

韩信说："我啊，那是越多越好，多多益善。"

刘邦笑着说："多多益善！那你为什么却在我的帐下？"

韩信说："陛下虽然不能够统领兵马，却擅于统领将军……"

刘邦后来总结自己取胜的原因："论运筹帷幄之中，决胜于千里之外，我不如张良；论抚慰百姓、供应粮草，我又不如萧何；论领兵百万，决战沙场，百战百胜，我不如韩信。可是，我能做到知人善用，发挥他们的才干，这才是取胜的真正原因。至于项羽，他只有范增一个人可用，还对范增有所猜疑，这正是他最后失败的原因。"

刘备的军师徐庶得知家中老母亲被曹操奸计骗至许昌囚禁，十分着急，一定要去许昌探望。

刘备不忍相离，送了一程，徐庶涕泣而别，刘备凝泪而望。刘备正望间，忽见徐庶拍马而回，忙问缘由。

徐庶说："我因心绪如麻，忘了一件大事。此间有一奇士，住在襄阳城外二十里的隆中，使君可亲往求之。"

刘备问："此人比先生才德如何？"

徐庶说："以某比之。譬犹驽马并麒麟，寒鸦配鸾凤。此人每尝自比管仲、乐毅，以吾观之，管、乐亦不及此人。这人有经天纬地之才，盖天下一人也。"

徐庶告诉刘备，这人叫诸葛亮。徐庶不仅向刘备推荐诸葛亮，而且还特意去了卧龙岗，入草庐见诸葛亮，动员诸葛亮出山辅佐刘备。

诸葛亮比徐庶才高，但徐庶毫无嫉妒之心，可谓容人之长。

诸葛亮在周瑜死后，历险赴柴桑口吊丧。吊丧祭奠结束后，诸葛亮在回荆州时，于江边遇见庞统，庞统乃大才，与诸葛亮齐名。

诸葛亮留下一封书信给庞统，这封书信其实是向刘备推荐庞统的介绍信。

诸葛亮嘱咐庞统说道："吾料孙权必不能重用足下，稍有不如意，可来荆州，公扶刘备，刘备宽仁厚德，必不负你的平生之所学。"

诸葛亮明明知道庞统的才能不在自己之下，仍推荐庞统与自己共事。诸葛亮的容人之长，更是道德品质的升华。

容人之长难于容人之短。容人之短，既体现了自己的宽宏大量，又使对方感恩戴德，两全其美。而容人之长却不同，因为"珠玉在侧，觉我形秽"，所以，容人之长需要更大的肚量。是金子到哪里都能发光，是人才到哪里都能大展宏图，因此，受损失的反而是不能容人之长者。

历史上因为嫉贤妒能导致自己被赶出人生舞台的例子不少。

水泊梁山最初占山为王的是白衣秀士王伦，但因为他嫉妒心太重，容不得林冲，又容不得晁盖等七雄，最终被林冲火并而亡。宋江就大不同了，宋江有容人之长之度。一百零七员好汉个个身手不凡，各怀绝技，宋江容之，不但容之还好生相待，谁人不服宋江？

战国时期魏国的庞涓容不得孙膑之长，变着法儿地害孙膑，最后在马陵道战役中被孙膑打败，落得自杀身亡的惨痛结局。不能容人之长，不但葬送事业，也会被天下人耻笑，毁了名声。

容人之长，特别是敢于和善于任用才能高于自己的人，必然会使四方人才汇集麾下，使事业发达，同时，声名大振，形成"孟尝之风"。人抬人高，水涨船高，用人者容人之长，会愈发受到下属的敬重。与此相反，一个忌妒心重的人会使同僚不睦，使伙伴相拼，使下属难安。

生活中，不懂欣赏别人，总觉得自己比别人更有智慧的人，最傻。能掌控大局的往往不是技术最好、最有能力的那个人，而是能容人之人。

大智者必谦和，大善者必宽容。水容山之高，山高水远；天容地之厚，地久天长。从某种意义上讲，能容人之长，更利人利己利事业。

带着欣赏的目光去看待他人，放下嫉妒和仇视，才能窥见自己的内心，变得谦逊而低调。人生最大的意义，就是成为更好的自己，所以，请真诚地欣赏别人，让自己心胸开阔，广结良友。

容人之异，方见思维格局

★ 策略思维 ★

世界之大，每个人都有自己独特的观点和想法。我们应该尊重他人的差异，不轻易评判或指责。只有这样，我们才能从不同的角度看待问题，获得更多的启发和收获。

接纳他人的不同，不仅能够丰富我们的思维，更能让我们感受到世界的多彩与美好。

李贽在《焚书》中说："能下人，故其心虚；其心虚，故所广取；所广取，故其人愈高。"意思是说谦虚包容的人，能听取别人的意见，因为谦虚所以得到的知识多，得到的知识越多，就愈加高明。

世界因为不同而精彩，而真正高明的人，更知道听取不同的声音，尊重不同的思想。

★ 史例备鉴 ★

战国时期，齐威王刚当上国君的时候，他想，现在自己都是一国之君了，什么都是自己的，他有啥愁的啊，于是就开始享乐。当齐国国君两年多，齐威王一直就沉迷在享乐之中。

这时有三个人来劝谏。

第一个来的是个女人，她的名字叫虞姬。她不是别人，正是齐威王的妻子。她觉得齐威王当太子的时候挺要强的，怎么当了国君，反而变了？于是，她每天都劝齐威王要好好治国，可齐威王不听。

齐威王手下有一个佞臣叫周破鲁，他看到齐威王有烦虞姬的苗头了，就想趁机栽赃陷害虞姬，于是不断向齐威王进谗言。

齐威王听后很生气，马上找监审官来审这个案子。监审官本来很正直，但是经不住周破鲁的软硬兼施。最后周破鲁给他起草了一个稿子，说这就是审案记录，我怎么写你就怎么审。

然后，监审官就拿着这份假记录给齐威王看。

齐威王觉得有问题，这个记录上写的案发时间，那时虞姬正和自己在一起。齐威王信不过他们，还是决定自己亲自审。

齐威王问虞姬知罪吗。虞姬不紧不慢地说知罪，而且还陈述了两条罪名："第一条是自己天天劝您弃恶扬善，让您烦了。第二条罪状是我受到诬陷以后，审判官受贿，然后在我完全不知情的情况下起草了所谓的口供交给了您。本来按照这两项大罪，我应该马上被治罪的，但是鉴于我从来都不是那种沽名钓誉之徒，所以我觉得还是给您解释清楚了再领罪，现在我解释明白了，您也可以治罪于我了。"

虞姬的一番话让齐威王幡然醒悟过来了，他决心悔过自新。但这个决心还不够坚定。接着，第二个人出现了，他就是淳于髡。

淳于髡是齐国的赘婿，也是齐威王手下的客卿。有一天他对齐威王说："听说有一只鸟落到了您的院子里，他三年不飞又不叫，不知这是什么鸟？"

齐威王听完笑了，以为淳于髡傻了，说："这不是春秋时期楚庄王的故事，你以为我不知道啊？书上都记载了，此鸟不飞则已，一飞冲天，不鸣则已，一鸣惊人。我知道你的用意了。你放心吧。"

齐威王说是让淳于髡放心，实际上真的能让人放心吗？没那么容易。

这时，邹忌出现了。有一天齐威王打猎回来，心情不错，准备举行宴会，叫大臣们都来。就在酒席宴摆好的时候，下面有一个侍从说外面来了一个琴师，据说他弹的琴是全国最好的，要为国君弹一曲。

齐威王正高兴，当然不会拒绝这样的事情。

邹忌来了后，先跟大家打了个招呼，然后试了试琴声，随后就在那儿一坐，不说话也不弹琴，居然就这样让齐威王等了半个时辰也没弹。

齐威王不高兴了，呵斥道："你要是不弹，你就出去。"

谁料邹忌说："这琴有什么可弹的？弹得好不好在其次，你要想听得好，就得先精通琴理。"

齐威王不耐烦地说："我第一次听说听琴还要精通琴理，有什么可精通的，你给我讲讲看，讲完了你赶紧弹。"

邹忌就说："琴非常高雅，不只是悦耳，还能陶冶人们的情操，穷人听了我的琴，将来就变富了；贪婪的人听了我的琴，就廉洁了；懒惰的人听了我的琴，就变勤快了；俗气的人听了我的琴就雅致了。这里面有很深奥的学问，弹琴跟治理国家一样，上面得积极倡导，下面得努力配合，上下一致，政通人和，国家才能昌盛，民族才能兴旺。"

齐威王听后就懂了：这又是一个劝谏的。他不禁拍手叫好，但还是想听听邹忌的琴艺如何。

这时候邹忌弹了两下，然后又不弹了，转而说："这才多一会儿，您就等不及了，您在国君位置上都三年了，我们还等您干点儿事呢？可您干什么了呢？"

齐威王彻底懂了，于是马上聘邹忌为相。齐威王终于开始整顿朝廷，齐国也因此日渐强大起来。

能力，可赢一时；心宽，却能赢一世。

一个真正成熟的人，会发自内心地理解别人，会懂得他人的情绪和处境，从而生出感同身受的慈悲。这慈悲正是生活赐给我们的礼物。

当你腹中能撑船，遇到的所有人，便都是你的摆渡人。

容人之过，方见格调高远

"人非圣贤，孰能无过。"（《左传·宣公二年》）

有时候我们对待错误的态度，往往会带来不一样的结果。

宽恕别人的过错，把自己对他的仇恨放在一边，才能提升自己，开阔自己的心胸。能够不念旧恶的人才能对仇敌以礼相待，进而对他格外亲近。

细观我们这一生，境遇起伏不定，有时需要你助别人一把，有时需要别人拉你一回。你容人的雅量大了，将来要走的路也就宽了。

包容别人的过错，不计较眼下的得失，是一种气度，更是一种格局。

春秋时期，秦穆公丢失了心爱的战马，后来马被找到时，已经被岐山脚下的村民分着吃掉了。官吏发现后，要责罚这些村民。

秦穆公制止道："君子不因畜生而杀人。单吃马肉不饮酒，对身体无益。"

于是，秦穆公不仅没有处罚村民，还赐酒给村民。

一年后，秦晋交战，秦国失利，秦穆公被围，千钧一发时刻，一伙人冲出来奋力而战，改变了战场形势，救了秦穆公。这些人正是当初偷吃马肉被秦穆公赦免的那帮村民。

容人才能得人，容人者方能为他人所容。宽恕别人，就是善待自己；容人之过，亦是渡己。

人褊急，我受之以宽容；人险仄，我待之以坦荡，是心胸，更是格局。

事不做绝,才能进退自如;让别人有路可走,才不会陷入绝境。对他人宽容,也是对自己最好的保护,如此,路才能越走越宽。

汉宣帝时,丞相丙吉的车夫是个酒鬼,经常喝得酩酊大醉。有一天,车夫竟将胃里的污秽呕吐在了丞相的车上,为此遭到丞相府管家的怒骂。

管家还将此事告知给了丞相丙吉,并提议赶走车夫。

丙吉是个与人为善的好丞相,早就知道车夫有酗酒的习惯,但考虑到车夫生活不易,所以一直包容车夫。他说:"如果车夫因醉酒被驱逐出相府,日后怎能抬得起头?"

因丙吉的宽容,车夫又被留了下来。从那之后,车夫不仅不再酗酒,而且对丙吉心怀感恩。由于车夫是个边塞人,对边塞的事情十分了解,也熟悉边塞发生了紧急军事状况后的军报传递方式。

有一天,车夫外出正好看到一个骑着快马、手里拿着两个红白袋子的人,从他眼前呼啸而过。车夫一眼就认出,这种装扮的人是从边塞回来,传递紧急军报的使者。而这种使者,只有在边塞遇到外敌入侵时,才会快马加鞭,驰报京师。

车夫为了一探究竟,追赶那个使者到官署,打探一番,得知果真是有胡虏入侵云中郡、代郡(今河北省蔚县代王城一带)。车夫暗想:"边塞发生紧急军情,皇上定会召丞相议事。而这时的边塞守将,尽是一些老弱病残,定然抵挡不住。但现在丞相对敌人入侵和守将的情况并不清楚,等皇上询问时,丞相肯定答不上来,届时免不了被皇上责罚。"

车夫想到这,火速跑回丞相府,把自己看到的、听到的一一报告给了丞相。

丙吉大惊,他知道车夫没有说谎,但事发突然,自己一时还真没了主意。车夫献计说:"现在外敌入侵边郡,大人还是先把边郡守将的资料查看一下,看看哪些地方的守将是年老体弱的将领,需要预先照应,哪些地方兵员不足,需要补充。丞相做到心中有数,以备皇上询问。"

事毕,丙吉马上召集丞相府的属官,查阅并记录边塞守将的名字、年龄、守备兵马的数量。

果然,还没等丙吉把所有资料查完,汉宣帝刘询就传出召旨,宣他和御史大夫等官员速速进宫。

汉宣帝刘询见了朝臣,开门见山,直接把边郡的告急文书给朝臣看,并询问朝臣被入侵的边郡都是何人镇守,兵马多寡,如何应对。

大家对边郡之事已经少有过问,突然被问,众人毫无准备,都说不出话来。

汉宣帝见众人不说话,便问丙吉。丙吉早有准备,便把被入侵边郡的守将名字、年龄、兵员数量、粮草是否充实,详细陈述出来。说完,丙吉又告诉汉宣帝,哪里应该换将,哪里应该增兵,哪里应该调拨粮草等,把事情安排得妥妥当当,只等汉宣帝批复执行。

汉宣帝刘询见丙吉回答得如此详细、周到,赞扬他时刻忧虑边事,不忘职守,因此给了不少赏赐。

容忍别人小的过失,可能会得到对方大的回报;饶恕大的仇人,更可能得到对方以性命相搏的报答。

正所谓"金无足赤,人无完人"。生活中每个人都不可避免地会犯错误,而人们对此的态度却决定了是成长还是毁灭。

如果指责、抱怨、否定他人的错误,那么也许这个错误会让他万劫不复。若是在别人犯错时做到宽容、理解,这个错误会让他悔过、反思和进步。

在自己犯错时,做到"行有不得,反求诸己",在人生的道路上不断地修正自己,改过迁善。那么这个错误带来的就是思考和成长。

可见,容人之过,是一种清醒的认知,这种清醒认知足以成就他人。

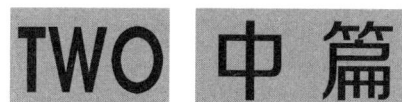

取舍
启财富之大门

一个人能走多远,

要看他与谁同行;

一个人有多优秀,

要看他有谁指点。

第四章 知人善用，以人夺势

善于用人的人，一定能够让有才能的人竭尽全力释放自己的力量，让有见识的人竭尽所能贡献自己的谋略。

人人须谋事，事事须谋人。任何事情都是人为和人谋的结果，要想把事情做好，就要先学会看人识人，知晓人性的特点，才能对症下药，见机行事，该圆时圆，该方时方，才能立于不败之地。

只有把人心保住了，才留得下人才，即使他在天涯海角，也依然为你效命。

引贤之人，业可借势而上

★ 策略思维 ★

一个人能走多远，要看他与谁同行；一个人有多优秀，要看他有谁指点。

管理学上有一条奥格尔维定律，说的是一种人才现象，大致意思是说，每个企业家都雇用比自己更强的人，企业就能发展成为巨人公司；如果你所用的人比你还差，那么他们就只能做出比你更差的事情。

人不对，事难成，人用对了，事就成了。人若对了，事自会顺遂。与同频之人在一起，总能相互支撑，共赴远方；与靠谱之人在一起，总能通力合作，解决难题。

★ 史例为鉴 ★

引才纳贤是国家强盛的根本，而人才，尤其是高才，并不那么容易引得到。

范雎是战国时期的魏国人。同很多家境贫寒而心怀大志的读书人一样，范雎克服了重重困难，拥有了一身学识，却找不到施展才华的机会。

无奈之下，范雎只能投身到魏国中大夫须贾的门下打工谋生，以待飞升时机。

须贾这个人，胆量很小，格局也大不到哪里去，守着范雎这么一个"潜力股"，不但不知道如何让他发挥最大效用，还时时提防着他，生怕他抢了自己的风头。

公元前279年，齐国名将田单用极致的智慧，在短短几个月间收复了

70余座城池，将齐国从亡国的边缘拉了回来。

之前给燕国做帮手，参与过灭齐事宜的魏昭王吓得坐立难安，慌忙派遣须贾出使齐国，想要修复一下两国的关系。

但齐国哪肯那么轻易地原谅魏国呢？在招待魏国使臣的国宴上，齐襄王严厉斥责魏国反复无常，不讲道义，还把先王之死推到了魏国的头上。

须贾见此情形，感觉自己这趟出使算是栽了。关键时刻，作为跟班的范雎挺身而出，有理有据地反驳齐襄王："齐国被五国联攻，是因为齐国屡屡伤害他国在先。再者，这都多少年前的事情了，国与国之间如果要翻旧账的话，那战争将永无休止，谁都没办法正常发展。"

齐襄王也算是胸有丘壑，听了范雎的斥责，非但没有生气，还暗暗称赞范雎胆识过人，私下派人劝说范雎留在齐国，以客卿对待。

面对这来之不易的事业发展机会，范雎竟然毫不犹豫地拒绝了。他说道："臣与使者同出，而不与同入，不信无义，何以为人？"

齐襄王因此更加敬重范雎，赐予他黄金十斤以及牛、酒等物品。

范雎本以为，自己帮助须贾完成了出使任务，为魏国挽回了面子和尊严，须贾应该感谢自己才对。但范雎没想到的是，正是自己出色的表现，反而彻底得罪了须贾。

回到魏国后，须贾不仅没有为范雎请赏，反而找到相国魏齐，给范雎扣了一个"私交邻国、居心叵测"的帽子。

范雎借助魏人魏安平、秦使王稽，才艰难地逃到秦都咸阳。王稽向秦昭王举荐他，并强调说，范雎自称"秦有危机，他可匡正"。那时候，秦国政务繁杂，忙着解决义渠事务，没空应对，就只让人给范雎安排了食宿，便没再跟进了。

范雎在馆舍中，虽然清苦，但也吃住不愁。他便一边研究秦国的现状，一边苦等昭王接见。可这一等就是一年。他虽有耐心，但也不愿再等了，于是上书自荐："臣听说，圣明的君主，量才授职，论功授禄，功大俸禄多，勋巨爵位高，所以，无能的人不得官职，有能的人也不被埋没。假如您认为臣的话有用，请推行臣的主张；认为无用，臣留在这里也没意思。

"臣又听说，庸碌的君主，奖所爱、罚所恶，而圣明的君主则不然，赏必有功，刑必有罪。现在，臣之身已不堪斧钺了，又怎敢用疑事来试探大王呢？

"不过，玉在璞中，也被认为石，而不叫玉。所以，大王必须亲自考察，认知后才能决定，有用就留下，有害就舍弃，有疑虑就先小试一下再做决定。

"因此，臣急切盼望，得见天颜，以便往深处说，为大王解忧，一语无效，请伏斧钺。"

这份上书格调高雅，思辨大气。秦昭王看后非常高兴，连忙让人去接范雎。

这一天，范雎终于应诏，进宫见驾了。

到了宫门，他不顾礼数径直入内。内侍大声道："大王来了！"范雎也故意视而不见，还乱嚷嚷："秦国哪有大王？秦国只有太后、穰侯罢了。"他想激怒秦昭王。

秦昭王猛然止步，王宫之内，胆敢如此说话的，定然胆大心细，智谋过人，绝非常人可比，他，可正是我需要的人啊。

仓促间，秦昭王正正王冠，然后急步相迎，歉然说道："我本该早见先生，亲聆教诲，可正遇义渠事件，忙活好一阵，如今国事完毕，我才得闲请教。让先生久等了，请受我一拜。"说着，深深地鞠一躬。

范雎见状，客气地还礼。礼毕，秦昭王亲自引导，俩人联袂而行，一道进殿。

君臣两人途中相遇，一个语言张扬，态度轻慢；一个语气恳切，礼仪周全。布衣拜明君，肝胆相见；明君待能臣，执礼甚恭。

文武百官，宫娥内侍，见此场面，察此情景，无不肃然起敬。

秦昭王屏退左右，两人分宾主坐下。

秦昭王向范雎直跪，请求说："先生怎样赐教我？"范雎"嗯嗯"不言，连着三次都是这样。秦昭王长跪着说："先生真的不肯教我吗？"这时，范雎才说："我怎敢这样呢？只因交疏言深，不敢冒昧而已。我本想奉献我的一片忠心，要讲的都是匡君补国大事，又事关大王骨肉亲人，可是，我还不知道您是怎么想的？讲了会不会惹祸？心里没有底数，岂敢深言？这就是大王三问，而我不答的原因。

"大王呀，您一直处在亲情包围之中。您上畏太后，下惑权臣，独居深宫，终身迷惘，没人帮您辨别奸恶，真是情势凶险，危机四伏呀。这样下去，往大处说，会亡国灭宗，往小处说，您身孤境危。我看在眼里，急在心头，不吐不快呀。但是，如果我讲了，可能会被处死，但我并不回避。因为人终有一死，三皇五帝那么神圣也死，春秋五霸那么贤明也死，如果我讲了，而我的主张得以实现，大秦得以治理，死了又有什么遗憾？"

昭王看他处事严谨，卓尔不凡，于是又跪下来，诚恳地说："先生何出此言？秦国僻远，我又愚昧，先生能来此，让我受教，是上天恩顾我的先祖，而又不抛弃我这个后人。

"现在，我郑重向您表态：从今以后，事无大小，人无尊卑，上至太后，下至大臣，您无须顾忌，一一指教，毫无保留，而我则照样听取，绝不忌讳，更不追究。我敬先生为叔父。"

昭王第五次下拜，范雎连忙回拜，口称敬诺，君臣相得，肝胆互见。

古往今来，人才都是富国之本、兴邦大计。人聚在一起叫作团伙，而心聚在一起才是团队。一个人的力量是有限的，只有聚众之力，汇众人之智，才能成就大事业。

《孟子·离娄下》有云："得天下有道，得其民，斯得天下矣。得其民有道，得其心，斯得民矣。得其心有道，所欲与之聚之，所恶勿施尔也。"

要想在事业上有所建树，就必须广得民心，而赢得人心的方法有很多，只要你用心去做，就一定能赢得众人的支持和信任，从而为自己事业的成功打下坚实的基础。

留才之人，路可一帆风顺

团队发展和成长的基础就是人才，若是没有人才作为支柱，就算是万丈高楼，也会在顷刻间倒塌。引才难，留才也难，而留住高才的心似乎难于上青天。

只有把人心保住了，才留得下人才，即使人才在天涯海角，也依然会为你效命。

东汉末年是有志者的黄金时代。适时，以曹操、孙权、吕布、袁绍、刘备等人为首的几家"公司"因为业绩优秀、变现能力强，获得了天使投资人的侧目。

对于这些创业"公司"来说，除了师出有名，粮草兵力充足以外，最重要的就是团队了。要知道一位一流的谋臣，能够帮助团队在敌强我弱的形势下，扭转局势以少胜多。而一位一流的武将，则能够让团队士气大增，如有神助。

因此人才就是核心竞争力，那些发展快、走得远的"公司"往往赢在了团队上。

官渡之战中，袁绍领兵准备出发的时候，田丰尽守忠臣本分，在狱中依然上书劝谏。

田丰认为，现在应该按兵不动，等待时机，不可以妄兴大兵，担心会有不利。

沮授也劝谏袁绍:"我军数量虽然多,但是论勇猛比不上曹操的兵;曹操的兵虽然精,但是他们粮草没有我军的多。曹军没有足够的粮草,所以急战对于他们是有利的,而我军粮草充足,更有利于缓守。如果能拖上一段时间,曹军便不战自败了。"

然而,由于袁绍自身缺乏军事谋略和其他才能,无法认清当前形势,不仅没有听进去,反而大怒说他们"慢我军心,吾回必斩之",然后一意孤行发兵。

所以到了后来,能人将士要么下狱,要么离开袁绍另寻他路去了。

田丰入狱并被赐死,沮授也因忠言逆耳被囚禁。

袁绍麾下的谋臣许攸,仰天长叹说:"忠言逆耳,竖子不足与谋!"而后投奔曹操,教给曹操破绍之计。

袁绍手下的大将高览、张郃也因为"袁绍听信谗言,必为曹操所擒",便带领本部兵马,投奔了曹操。

反观曹操,他非常重视且爱护人才,也花了很多的心思谋略来留住这些人才。

对于有能力、忠于自己、为自己建立了卓越功勋的谋士,曹操真诚相待;当他们病了、战殁了,曹操都极其伤心,甚至是痛彻心扉。

郭嘉是曹操最为倚重的谋士,曹操称"使孤成大业者,必此人也。天生郭奉孝,豪杰冠群英。腹内藏经史,胸中隐甲兵。运筹如范蠡,决策似陈平","自在军旅,十有馀年,行同骑乘,坐共幄席,东禽吕布,西取眭固,斩袁谭之首,平朔土之众,逾越险塞,荡定乌丸,震威辽东,以枭袁尚",可以说郭嘉对曹操早期的崛起有决定性作用。

对这样一位举足轻重的奇才,曹操曾先后三哭。

一年郭嘉身染重病,当时曹操采纳郭嘉建议,率大军远征辽西沙漠。郭嘉因水土不服而卧病床上。曹操十分心疼,前去看望,见了郭嘉的状态,流泪道:"因我欲举沙漠,使公元涉艰辛,以致染病,吾心何安?"

后来郭嘉英年早逝,曹操痛哭着对文武百官说道:"诸君年齿,吾孤等辈,惟奉孝最少,吾欲托以后事,不期中年夭折,使吾心胸崩裂矣。"

建安十三年,曹操在赤壁之战中惨败。"倘若郭嘉在世,这战便不会输。"曹操想到此处,不禁痛哭,足见他对郭嘉的信任与厚爱。

典韦是曹操的一员猛将,曹操讨伐张绣时中计身陷重围,典韦奋力向前,死战不退,血流满地而死,曹操得以脱险。

击退张绣后,曹操立即祭奠典韦,并亲自哭而祭之。第二年,曹操再次率军至宛城攻击张绣,曹操忽然大哭,哭罢解释道:"去年于此吾折了大将典韦,不由大哭耳!"

曹操二哭典韦,再次展现了曹操真诚的惜才爱才之情。

为了招降关羽,曹操给出了非常优渥的条件:第一,关羽只降汉帝,不降曹操;第二,一旦得知刘备的下落,无论多远,关羽都可以前去投奔刘备。

关羽千里走单骑找寻刘备时,曹操没有同意追杀关羽以除后患的建议,关羽败走麦城死后曹操也非常难过,上书请汉献帝追封关羽为荆王。

最后曹操还亲自到洛阳,以诸侯之礼将关羽首级下葬。可见曹操对关羽的感情之深。

曹操的推诚以待也有效地铸就了忠诚的团队,纵观曹操征伐的40年里,他手下的名将没有一个在其危难之际背叛他。

留住人才,就是握住成功的要素;珍惜人才,就是铺设未来的基石。

人是有需求的,也是会受利益刺激的。所以作为掌局者,需要了解自己身边不同人才的不同层次的需求,采取恰当的措施满足与激励人才。

要留住人才,掌局者需要从多个方面入手,包括提供及时、合理的奖励,为人才创造良好的发展平台和晋升空间,以及充分的信任与支持。只有这样,才能吸引并留住更多人才,推动自己事业的发展。

育潜之人,境可化险为夷

★ 策略思维 ★

一个优秀的人才并不是一开始就具备所有的技能和素质,而是需要经过不断地培养和锻炼。

一般情况下,人才到岗之后须进行培训,即育才。用才而不育才,人才便没有持续竞争力。

"人材者,求之则愈出,置之则愈匮。"(《默觚下·治篇》)

人才需要不断的发现和培养。只有专心培育人才,并且培育到一定程度,才能为自己带来更大的价值。

★ 史例为鉴 ★

一般情况下,人才到岗之后需要进行岗前培训,即育才。育才是企业永久的工程,用才而不育才,人才便没有持续竞争力。

据传,周宣王爱好斗鸡,纪渻子是有名的斗鸡专家,就被周宣王派去负责饲养斗鸡。几天后,周宣王催问道:"训练成了吗?"纪渻子说:"还不行,它一看见别的鸡,或听到别的鸡叫,就跃跃欲试。"

又过了几天,周宣王问训练好了没有,纪渻子说:"还不行,心神还相当活跃,火气还没有消退。"

数天后,周宣王又问:"怎么样?难道还没训练好吗?"

纪渻子说:"现在差不多了,骄气没有了,心神也安定了,别的鸡叫,它也好像没有听到似的,毫无反应,不论遇见什么突然的情况它都不动、不惊,看起来就像木鸡一样。这样的斗鸡,才算训练到家了,别的斗鸡一看见它,准会转身就逃,斗也不敢斗。"

周宣王听后去看鸡的情况,斗鸡果然呆若木鸡,不为外面的光线和声音所动;它的精神凝聚,别的鸡都不敢和它应战,看见它就走开了。

其实,育才也要遵循这样的规律。只有专心培育人才,并且培育到一定程度,才能为自己带来更大的价值。

所谓识才,不只是看看谁是人才、谁不是人才这么简单,而要从小的方面推断大的方面,从今天的行为推断以后的行为,得出用人策略。

周亚夫是汉景帝的重臣,在平定七国之乱时,立下了赫赫战功,官至丞相,忠心耿耿。一天,汉景帝宴请周亚夫,并给他准备了一大块肉,但是肉没有切开,桌上也没有准备筷子。周亚夫很不高兴,就向内侍官员要了双筷子。

汉景帝笑着说:"丞相,我赏你这么大块肉吃,你还不满足吗?还向内侍要筷子,很讲究啊。"周亚夫闻言,急忙跪下谢罪。汉景帝说:"既然丞相不习惯不用筷子吃肉,就算了,宴席到此结束。"周亚夫只能告退,但心里很郁闷。

这一切汉景帝都看在眼里,叹息道:"周亚夫连我对他的不礼貌都不能忍受,如何能忍受少主的年轻气盛呢。"汉景帝依此推断,周亚夫如果辅佐太子,肯定会生出些非分的要求,趁早放弃了任命他为太子辅政大臣的打算。

要办大事,必须用可用之人。然而,晚清时期,人才凋敝至极,人才危机迫在眉睫。科举培养出来的人,不是废才,就是半成品。要想适用,就要自己动手,进一步陶铸。所以曾国藩的幕府既是储备人才之库,也是陶铸人才之所。

曾国藩用人的方式是有人来投,先发给少量薪资以安其心,然后与之长谈考察。

李鸿章到来之前，曾国藩先借给他三百两以安其家。到来之后，曾国藩在近一月的时间里，与他多次长谈，就是为了进一步观察他、了解他，看看他在数年军旅生涯中有没有什么长进。

新人到来后，曾国藩通常都会让他们到前线去历练，一是让他们直观了解湘军的面貌，二是通过他们来了解前线近期的情况，三是用这种方式鉴别他们的能力。

李鸿章到来后不久，曾国藩就给他下达了一个任务，让他随同曾国荃率军自抚州进兵景德镇。曾国藩致书李鸿章道："阁下此行，其著意在察看楚军各营气象，其得处安在，其失处安在？将领中果有任重道远者否，规模法制尚有须更改者否？一一悉心体察。"

就是说，你要注意看看湘军各营，有什么长处，有什么缺点。将领的才干怎么样，有没有突出的人才，制度上有没有需要改进的地方。

这显然是在考察李鸿章的见识。

一般经过这两项考察后，曾国藩才会确定幕僚的具体工作。

李鸿章是综合型人才，既能办事，又长于文字。曾国藩赞扬说："少荃天资于公牍最期近，所拟奏咨函批，皆有大过人处。"也就是说，李鸿章最适合的是做文字工作，他草拟的文件，比别人强太多了。

因为缺乏文案高手，曾国藩就把李鸿章留在幕府，"初掌书记，继司批稿奏稿"。

曾国藩认为，人才"大抵皆由勉强磨炼而出"。天生大才极少，中等以下人才都可通过培养教育造就出来。

他的教育方式一是进行定期考试，以批答的方式来提高他们的文字水平和对事物的分析判断能力；二是通过谈话，也就是现在所说的面授。

曾国藩在咸丰十年五月初六的日记里写道："诸生呈缴功课，余教以诚勤廉明四字，而勤字之要但在好问好察云云，反复开导。"就是说，当天晚上各位幕僚交了功课，曾国藩给他们讲了诚勤廉明这四个字，特别强调"勤"字的关键是要好提问、好考察。

除了经常找人谈话，曾国藩还在茶余饭后同大家谈古论今，表面上看是闲谈，实际上他经常向幕僚传授自己的人生经验和读书心得。

曾国藩身边的幕僚，大部分都是这样，通过与曾国藩朝夕相处，耳濡目染，潜移默化，在不知不觉之中变化气质，增长才干。

曾国藩的幕僚张文虎在谈及曾氏幕僚易于成才的原因时也说："盖其耳目闻见较亲于人，而所至山川地理之形胜，馈饷之难易，军情之离合，寇形之盛衰变幻，与凡大帅所有措施，莫不熟察之。而存于心久，及其措之裕如，固不啻取怀而予，故造就人才，莫速于此。"

也就是说，因为能够亲自见到曾国藩如何处理事情，跟着曾国藩亲至其地，考察地理得失，军情变化。这样时间长了，就积累了很多经验。这也是造就人才比较快的办法。

人才难得，顶尖的高端人才更是稀缺资源，往往事业的发展关键期离不开高端人才。与其大海捞针，不如从身边现有的人才入手。将本就赢过他人的他们培养成更优秀的人才。

而要想培养出顶尖的高端人才，离不开掌局者敏锐的选人目光，离不开掌局者严格的筛选条件。一旦身边培养了几个这样的人才，事业定能达到巅峰。

用能之人，绩可事半功倍

★ 策略思维 ★

用人之道，最重要的是要善于发现、发掘、发挥下属的一技之长。用人得当，事半功倍。

在任人时，对人才一定要量体裁衣，不当其位、大材小用或者小材大用都是任人失败的表现。

不当其位，指无法发挥人才的长处，空有满腹经纶却无处施展；大材小用造成人才的极大浪费，必挫伤人才的积极性，令其远走高飞、另谋高就；小材大用只会把原来的局面越弄越糟，成为专业发展路上的绊脚石。

人不可能每一方面都出色，但也不可能每一方面都差劲。掌局者要清楚了解每个下属的优缺点，千万不能夹杂个人喜好，也许你今天看不起的某个人，他日正是你事业转机的干将。

曹操能够根据下属人才的能力、特长、履历、性格，把他们安排到适合的岗位上，下达适合他们的任务使命，发挥其长处，使他们人尽其才，才尽其用。

谋士崔琰和毛玠，作风正派、清正廉明，曹操就让他们去挑选官员；谋士枣祗和任峻，长处是任劳任怨，曹操就让他们去屯田；原刘表帐下的文聘，在江汉地区很有威望，曹操便任命他为江夏太守，让他掌管边疆事务，以抵御孙权；吕布旧部臧霸于冻土之地很有恩信，曹操收拢他后便把青、徐二州交给他管辖；许褚、典韦身材强壮、武力高强，同时忠诚守法，曹操就让他们在战争中担任前锋，冲锋陷阵，休息时就统领亲兵。

这些人在所在的岗位上都能充分胜任，任用后都表现良好。

在关键的战役中，曹操还能针对下属的特点、相互之间的关系做好任务分工和布局，并协调好关系，以求达到最好的效果。

吴魏合肥之战前，孙权刚攻下皖城，兵锋正盛，守卫合肥的曹军只有张辽、乐进、李典率领的七千人，敌众我寡。曹操针对张辽有勇有谋、乐进稳健、李典贵儒雅，在三人素皆不睦的情况下，做出张李二将军出征、乐将军守城的安排。三人最终消除隔阂，通力合作，大败吴军，差一点捉住孙权，创造了以少胜多的典型案例。

春秋时期，郑国的大夫子产很善于处理政事。担任相国期间，他非常注重举贤选能，任用人才。对不合适的人选，他也及时提出否定意见，并且讲清道理，使人心服口服。而对于那些有能力的人定会加以重用，给他们充分展现才华的机会。

一次，郑大夫子皮提出，要让尹何做自己的封地长官。子产以商量的口吻对子皮说："尹何太年轻了，没有经验，不知道能否胜任。"

子皮说："尹何这个人挺老实的，我很喜欢他。让他去学习学习，也就懂得怎样管理了。反正是管理我的封地，我会照顾他的。"

子产听了，皱皱眉头说："大凡一个人喜欢另外一个人，总想对他有利。但是，因为你喜欢尹何而把政事交给他，就好像让一个不会拿刀的人去割东西，他不但不会割到东西，相反还会使自己受到损伤和伤害。这样一来，你所谓的喜爱一个人，其实是伤害了他。"

子产继续说："比如，你有一块华丽的绸缎，打算做成衣服，你绝不会把它拿出来让裁缝当作练习用的布料。同样，重要的官职，庞大的封邑，对你来说是不可缺少的庇护条件，而你却让人学着管理，你这不是比拿华丽的绸缎做练习更加可惜吗？我只听说学习好了才能参加管理政务，从来没有听说把管理政务当作学习的对象。又比如打猎，只有射箭和驾车技术都很熟练的人才能擒获猎物,如果从没有射过弓箭,也没有驾过车,那么他一定担心翻车压人,哪里还有工夫琢磨如何猎获禽兽呢?"

子皮被说得面红耳赤,忙说:"君子专门研究大事和长远的事,小人只会注意细小的事、眼前的事。我就是小人啊。衣服穿在我身上,我知道爱护它;重要的官职、庞大的封邑对我来说是一个很重要的庇护条件,我却疏忽、轻视它。没有您的一番话,我就不懂得这些得失的道理。"

子产说:"我的想法和你的不一定相同。我只不过把我心里认为危险的事情告诉你,供你参考罢了。"

子皮认为子产很忠诚,因此把郑国的政事全部委托给他。

子皮因为喜欢尹何就决定委任他,实际上,尹何根本不懂得如何管理政务,子皮想让尹何边学边管理。事实上,封地对子皮来说是非常重要的,让一个不熟悉管理的人来管理,极有可能造成很大的失误。

对于重要的工作,不能允许外行边学边做,这样不但不能保证工作的质量,还可能对这个人造成伤害。如果择人是为了用人,那么用人一定要慎重,不能只凭个人的好恶,要根据这个人的实际能力来决定。

用兵无固定方式,如水无固定流向,能依敌情变化而取胜的,就是用兵如神了。

世间并没有一成不变的准则。面对不同的事物,我们需要不同的评判标准。这一点对于人才的管理尤其明显。聪明的掌局者应该学会发现人才的优点,使人尽其才,尽量避免人才浪费,将人放错位置。

去怪之人，队可齐心而发

一筐好苹果在温度适宜的环境里，可以保存很久。一旦有一个苹果开始腐烂，很快这一筐苹果就会都烂掉。如果及时发现，并第一时间把烂苹果和被烂苹果沾染的苹果清理出去，剩下的苹果依然可以保存很久。

管理团队也是如此。

在团队之中，会有各种各样的人，有兢兢业业、尽职尽责之人，也有胡乱捣蛋的害群之马。前者是团队发展的主力军，后者则是阻碍团队前进的绊脚石。

身为掌局者，须善于辨别团队的害群之马，尽早予以惩治，如果惩治无效，便要尽早清除，不犹豫、不留情、不手软，以保持团队的凝聚力和战斗力。

引才难，用才难，去才更难，去一个世人皆以为才而不能用的怪才是难上难。

祢衡，东汉末年人，年少时就以文采和辩才远近闻名。但他性格孤傲，眼里容不下别人。

为了谋个好前途，施展满腹才学，祢衡做了一块自荐板子揣在身上，四处游走，希望能遇到伯乐。

可惜，这块板子上的字迹已经变得模糊不清了，祢衡还在外面漂着。

有人给他出主意:"你怎么不去拜见陈群或者司马朗?这俩人正在招贤纳才。"

谁知,祢衡听罢,高昂着头,从鼻腔喷出一句:"谈笑有鸿儒,往来不白丁,我怎么能和杀猪卖肉的人来往。"

见此,又有人提议:"你这么有才,不如拜见荀彧或者赵融!"

不料,祢衡更加不屑,讥讽道:"荀彧只不过长得帅点,拿去吊丧还是可以的;赵融嘛,肚子里只有猪肉,哪有才学?"

如此一来,谁还敢用祢衡,谁还敢推荐祢衡?

不过,祢衡还真有两个好朋友,一个是忘年交孔融,一个是杨修。孔融虽比祢衡年长20岁,却很看好祢衡,为助力祢衡一展抱负,孔融多次向曹操举荐,还写下荐文《荐祢衡表》。

对于祢衡,曹操早有耳闻,既然这个人如此有才,那就先见一见。谁承想,曹操这边示好,祢衡那边却不干,他说:"曹操有狂病,我厌恶他。"

除了直言拒绝,祢衡在背后还对曹操破口大骂。传到曹操耳里,曹操当然恼火得很,但他听闻祢衡打鼓技术高超,就招他进来当名鼓吏。祢衡不知出于什么原因,竟然同意了。

一天,曹操宣称检阅击鼓乐队。其他鼓手们上场前都换好专门的演出服装,只有祢衡穿着自己的衣服,在击鼓乐队里独树一帜。

不得不佩服,祢衡击鼓水平真高。他一曲《渔洋曲》,击打得悲怆苍凉,在场的人无不落泪。

演奏完毕,祢衡径直走向曹操。士兵一见,立即呵斥:"你怎么不换衣服,这是对曹丞相的不尊敬。"

谁知,祢衡竟然当着众人的面,将自己的衣服一件件脱掉,赤身对着曹操。随后,他才慢条斯理地换上鼓手的衣服,眼神里尽是轻慢挑衅。穿好后,他头也不回扬长而去,留下一众人呆若木鸡。

曹操气得怒火中烧,但他没有表露出来,反而和颜悦色地看着他离开。

因为他知道自己"招贤纳才"的名声在外，如果就此杀了祢衡，会寒了天下英才的心。

祢衡脾性过分桀骜，军中武夫又血气方刚，如果为展现自己的大度将其留下日后一定会出大事。这个人不能不去，关键是怎么去得漂亮，如何才能让祢衡远离权力中心，通过非暴力方式打推荐人孔融的脸，又推卸责任呢？

曹操打定主意，便对祢衡说道："老夫看你是个舌辩之徒，这里有书信一封，命你前去荆州劝说刘表来降，如能担此重任，老夫既往不咎，还要保你在朝中为官。"

祢衡本想拒绝，可转念一想，既然曹操委派自己如此重任，若不答应反显得自己无能，不但白送了性命，还要遭别人的耻笑。

祢衡便接受了曹操的委派，前往荆州去了。

就这样，祢衡这块"烫手山芋"被曹操巧妙地送给了刘表。

把一杯酒倒进一桶污水里，得到的是一桶污水；把一杯污水倒进一桶酒里，得到的也是一桶污水。由此可见，酒与污水的比例并不能影响什么，真正起到决定性作用的还是污水。

一个负能量的人可以迅速影响六七个正能量的人，但一个正能量的人最多可以影响两三个负能量的人，所以，及时发现和清除团队里的"害群之马"至关重要。

而这些人往往有着不负责任、没有担当、搬弄是非、挑拨离间、目中无人、心胸狭窄、钩心斗角、自私自利等特征。

第五章 明辨大局,安身立命

时势造英雄,在无处不在的社会竞争中,把握大势、顺势而为是至关重要的成事之道。

掌局者深知,仅仅关注局部的得失和具体的棋子布局,而忽视了整体的局势和趋势,往往容易"钻牛角尖",难以成就大业。但若有宏观的视野,保持敏锐的洞察力,抓住机遇,借助大势的力量,便可事半功倍地实现目标,创造辉煌。

**持续的成长、思考和调整,
才是最正确的做事方式。**

洞察规则，方可为与不为

规则就像是一张隐形的地图。了解规则，意味着你能够预见潜在的陷阱和机会，而忽视规则，往往会因为短视和盲目行动而付出代价。

强者能够洞察规则背后的逻辑和规律，他们不会只是傻傻地遵守规则，而是利用规则来达成自己的目的。他们知道如何顺势而为，如何借助规律的力量来推动自己的发展。

只有不断重复这样的校正过程，最终才有可能真正掌握这个领域的规则和玩法，不管是显性还是隐性的。

这个世界唯一不变的，就是一直在变化。持续的成长、思考和调整，才是最正确的做事方式。

当生活的风雨骤然而至，大多数人或许会手忙脚乱，急于寻找一个避风港。真正厉害的人，他们会先深吸一口气，让心绪回归平静。他们深知，解决问题的第一步，不是盲目行动，而是找到那把能开启问题之锁的钥匙——方法。

而这把钥匙，往往隐藏在规则的背后。

他们会细细研读那些看似枯燥无味的条款，从中抽丝剥茧，找到问题的症结所在，再有的放矢地制订解决方案。这样，他们就能以最小的代价，换取最大的胜利。

孟尝君是著名的战国四君子之一，姓田名文，人称薛公，谥号孟尝君。他担任齐国的相国时，曾出巡韩、魏、楚等国。

到达楚国时，楚王要送给孟尝君一张用象牙制成的高级床，并安排郢都一个名叫登徒直的人负责护送象牙床跟随孟尝君一起回齐国。

可是，登徒直不愿意护送象牙床，于是就找到了孟尝君的门客公孙戍。

登徒直说："楚王让我负责护送象牙床献给薛公，可是这床价值千金，路途遥远，如果稍有损坏，即使卖掉了妻室儿女我也赔不起。恳请先生帮忙设法免掉我的差事，我愿意用先人的一把宝剑相谢。"

公孙戍很痛快地答应了登徒直的请求。

登徒直一是动之以情，其实就是卖惨，二是诱之以利。

"动之以情"在于这件事符合人之常情，护送象牙床从齐国到楚国，任谁来做都会很为难。东西如此金贵，路途又如此遥远，风险非常高，而一旦损坏，对于登徒直这个阶层的人来讲，那是完全不可承受之重。他直接表明了自己的担心，公孙戍势必能够理解，而且可以激发公孙戍的同理心。

"诱之以利"，既然求人办事，肯定是要感谢别人的，不然即便公孙戍对登徒直的处境深表同情，可能也没有动力推动他去做这件事。经济学家认为人们会对激励做出反应，就是这样的道理，没有激励是很难办成事的。因此，登徒直以祖传的宝剑作为赠礼，让公孙戍能够获得直接的经济利益。

公孙戍既然接受了登徒直的委托，接下来就是想办法说服孟尝君了。

公孙戍找了个机会拜见孟尝君。公孙戍说："我听说楚王送了薛公一张珍贵的象牙床，您打算接受吗？"

孟尝君回答说："当然，这么珍贵，齐国根本见不到啊，我为什么不要呢？"

公孙戍说："我劝贤公还是不要接受为好。"

孟尝君迟疑地问道："为什么呢？"

公孙戍说："现在，薛公您能联盟五国，而五国之所以把相印都授给您,都是因为您的美名啊。因为您有怜恤孤贫的仁德,有恢复灭亡之国延续贵族世家的美德,所以诸侯国才以国事委公,这都是赞誉您的高义,仰慕您的廉洁。如果您接受了楚国象牙床这样的重礼,那么当您到其他诸侯国的时候,他们又该拿什么样的礼物馈赠给您呢?"

孟尝君听后,认为公孙戌说得有道理,就答应了不接受象牙床的事情。

公孙戌见事情办得很顺利,就面带喜悦快步退了出去。这时,孟尝君起了疑心。公孙戌还没有走到中门,就被孟尝君叫了回来。

孟尝君问道:"公孙先生,您叫田文不要接受贵重的象牙床,这的确是一个不错的建议,但您为何这么高兴呢?"

公孙戌立即跪下回答道:"在下之所以这么高兴,是因为有三大喜事。"

孟尝君不解地问道:"先生这话怎么讲?"

公孙戌说:"贤公您的门客何止百人,然而只有在下敢于进谏,此一喜;谏而能听,此二喜;谏而能止君之过,此三喜。同时,为楚王护送象牙床的官员登徒直,不愿意送床,怕路途遥远,出了闪失他赔不起。于是他请求我帮助,并答应事成之后,送在下一柄先人宝剑。"

孟尝君听完之后,笑着问道:"那您接受了宝剑没有?"

公孙戌说:"未得贤公许可,在下不敢接受馈赠。"

孟尝君笑道:"那你还不快去把宝剑收下来!"

在劝说的时候,公孙戌首先没有说象牙床的事情,而是讲明了孟尝君被各国君主认同、并被任命为相国的缘由,还特别强调了当前各个国家都颂扬孟尝君的道义、仰慕孟尝君的廉洁。这里的"廉洁",跟后面要说的接受象牙床这件事情起到对照作用。如果孟尝君第一次来到楚国,就接受了楚王赠送的象牙床,言外之意,就是这样的行为会与之前的名声相背离,从而损害孟尝君在各国之间的口碑。而名声是孟尝君非常在意的事情。

在规则的框架内行事,并不意味着要墨守成规、一成不变。真正厉害的人懂得在遵循规则的同时,也要学会变通和创新。

当遇到无法用常规方法解决的问题时,他们会勇敢地跳出既定的思维模式，寻找新的路径和解决方案。

　　他们相信，规则虽然是死的，但人的智慧是活的。只要敢于尝试、敢于改变，就没有什么问题是解决不了的。这样的他们，总能在逆境中找到转机，化险为夷。

掌局智慧

　　鹅卵石放在手里不会伤到人，但有棱有角的石头就容易摩擦出伤痕。做人也是这样，如果你太过方正，不懂圆滑变通，就很容易碰壁。为人处世，讲究的是阴阳协和，灵活变通。只有这样，才能摸清事情的脉络，看懂人性的真相，洞悉社会的规则，也才能更接近成功。

　　社会是由无数多的规则组合而成的系统。打破认知边界，破解社会规则，可以让我们对这个社会系统整体的结构、运行规律有更清晰深入的了解。

　　要么是在既有的规则里打败对手，要么是创造新的规则，要么是利用规则的漏洞。但更重要的是要弄明白哪些可为、哪些不可为，如果为了一己私利或一时利益，明知不可为而为之，哪怕取得了成功，那成功也只是暂时而非长久的。

知其始末，辨良因和恶果

★ 策略思维 ★

《大学》有云："物有本末，事有终始，知其先后，则近道矣"。

只有清楚因果关系，才会在"因"上努力和精进。清晰地辨清事物相关方的固有特性，决定了我们的方向和战略，进而影响战术、政策的制订，以及方针、策略的落地实施。

想要了解事件的始末，就需要对事情的发展过程进行全面的调查和分析。从事件的起因、经过到结果，每一个环节都可能隐藏着关键的信息。

搞清楚这些，才能理清因果关系，避免在做决策时盲目行动。同时进行多维度思考，挖掘出问题的关键所在，让我们更清楚事情未来的发展方向，明晰自己的选择。

★ 史例为鉴 ★

公元前645年，管仲病重，卧床不起，齐桓公亲自前往探望。

管仲在齐桓公此次探病期间说了自己对相位的建议。

齐桓公问："群臣之中谁可替你做相国？"

管仲说："知臣莫如君。"

齐桓公说："易牙这人怎么样？"

管仲回答说："他杀死自己的儿子来迎合国君，不合人情，不能任用。"

齐桓公问："开方这个人呢？"

管仲回答说："他抛弃双亲来迎合国君，不合人情，不可接近。"

齐桓公又问:"竖刁这人怎么样?"

管仲回答说:"阉割自己来迎合国君,不合人情,不可亲信。"

这里所说的三个人,被当时齐国人称为"三贵",也就是齐桓公素来宠信的三个近侍:易牙、开方、竖刁。

易牙是齐桓公御用厨师,给齐桓公做了几十年的菜,非常清楚齐桓公的口味和喜好。

因为齐桓公的一句话,易牙就将自己三岁的儿子杀了。得知内情的齐桓公却非常感动,认为易牙爱他胜过爱自己的亲人,对易牙非常宠信。

但此事在管仲看来,血缘至亲大过君臣纲常,是人的本性。易牙还不是为了大事,仅仅为了投国君所好,就能舍掉亲骨肉。此人心黑得深不见底,管仲因而劝齐桓公不要任用这样的人。

开方是卫国的公子,原本是有希望被立储的,但他却一心留在齐国侍奉齐桓公。其实齐国距离卫国很近,就几天的路程,开方却在十几年间从未回国看望自己的母亲。

齐桓公认为开方忠诚胜于孝道,爱他胜过爱他自己的母亲,对开方十分宠信。

管仲却觉得开方连双亲都不管不顾,对生养自己的父母都没有爱,对国君能有多少爱,这种人太虚伪不要接近。

竖刁曾是齐桓公的童仆,宫廷可不是谁都能一直待下去的,长大之后,竖刁为了继续留在宫里,留在齐桓公身边,竟主动成了宦官。

这个举动又感动了齐桓公,认为竖刁爱他胜过爱自己的身体,故而让竖刁成为自己的贴身近臣。

管仲认为,宦官社会地位那么低,为了接近齐桓公,他不惜残害自己的身体,成为宦官。可见此人心性不纯,他劝齐桓公不要信任这样的人。

管仲死后,齐桓公拜鲍叔牙为相,鲍叔牙为人耿直、嫉恶如仇,见不得"三贵"成天在眼前晃,力谏齐桓公罢斥易牙、竖刁、开方三人。

齐桓公当时听了劝谏，立刻驱逐三人从此不许入朝。

齐桓公驱逐三人后，他自己却过得不舒服了，食不甘味，夜不酣寝，口无谑语，面无笑容。想来想去，他还是觉得有这三个人生活才有乐趣，最终，齐桓公不听鲍叔牙谏诤，又把这三人重新召了回来。

等到鲍叔牙去世，整个齐国的权力实际上又回到了齐桓公手里。如果齐桓公发挥作用，合理分权、确定储君、稳定秩序，晚年就不会有那么多的风波。

自从将大权交给管仲已经过了好几十年，齐桓以早已习惯做一个轻松的君主，早就不再操心具体事务了。

齐桓公并不是个强人，从他执政之初的战略部署和眼光就可以判断得出，他并没有多少过人的才能。但是他有作为君主最优秀的特质——从谏和大度，他这个人本性善良，一旦信任一个人就非常依赖这个人。

齐国的能臣如此忠心地为齐桓公效力，想必一定与他的善良有关，让他们一个个都像父亲似的，成为齐国的顶梁柱，把齐桓公保护得非常好。

而现在管仲没了、鲍叔牙也没了、隰朋也不在了，没有人保护他了。"三贵"便乘虚而入窃取了齐国大权。

公元前643年，齐桓公患重病，卧床不起。易牙、竖刁以齐桓公名义，不许任何人觐见，并在齐桓公的寝室周围筑起高墙，内外隔绝，只留个狗洞，每天早晚安排一个小宦官去里面看看齐桓公是生还是死。

高墙之外，齐桓公的五个儿子也顾不上老爹死活，为了君位大打出手，党羽间互相攻伐。

齐国上下打得一塌糊涂，直到齐桓公去世67天后，新立的国君无亏才在几个重臣的苦谏下，为自己的父亲殓尸殡葬。

那时，正值夏季，齐桓公的尸体已腐烂得不成样子，蛆虫都爬出了窗外。一代霸主，风光了大半辈子，却最终为自己的人格缺陷付出了惨痛的代价。

为人处世、跟别人打交道需要洞察力和判断力。《晋书》里讲："人道之始，莫先于孝悌。"孝顺父母，爱护家人，是一切教养的开始。如果一个人对亲情淡漠，那你对他再好也没有用。连最亲近的人都不能把他们的心暖热，更何况外人呢？

看到一个人过往的表现，就能推断他将来的表现。如果一个人对身边最亲近的人都不够好，那么对待朋友的态度也就可想而知了。观其已然，知其必然。面对这样的人，选择敬而远之，才是对自己最大的保护。只可惜，齐桓公却并不明白这个道理。

以终为始，追求什么果，当下就种下什么因。老子在《道德经》中说"见小曰明"，河上公注解道"萌芽未动，祸乱未见为小，昭然独见为明"。

见小而能明，这是说通过敏锐的洞察力一眼就看清事物的本质。洞察力越高的人，越能做出精准的分析和判断，用未来的眼光为当下做决策。

在看待问题时，要抓住这个事件背后的"根本性"运作逻辑，理解它真正的前因后果，而不是被事件的表象或无关要素、自己的感性偏见等影响了判断，从而做出错误的决定。

待时而动，抢占人和良机

策略思维

《吕氏春秋》说，古人有从平民而为天子的，有从千辆车的诸侯而拥有天下的，有从卑贱的普通人而成为国君的辅佐的，也有从一介匹夫而成为拥有万辆车的诸侯的。

圣人崇尚时机，天寒地冻的时候，后稷也不播种，播种必须等到春天。

如果没有机会，没有好的形势和环境，就必须懂得守拙、隐忍之道，不能强求。所谓人不能与命争，否则，只会伤害自身，智慧再高的人没有机会也不会成功。

史例为鉴

蛤蟆日夜叫个不停，叫得口干舌燥无人理会。再看雄鸡，耐心等到黎明时分，一鸣天下震动。

做人也好，做事也罢，退一步不是懦弱，而是为了进一步地蓄力腾飞。三国豪杰中，司马懿是藏器高手，最擅长待时而动、后发制人。

在战乱不休的年代，谋略和才能是一个人最大的资本。司马懿深谙此道，他从不轻易展露自己的才华，从不随意炫耀自己的能力。就像一把锋利的宝剑，静静地藏于剑鞘之中，等待着最适合的时机一鸣惊人。

那个时候，温县归曹操管辖。当时，曹操广求贤才，他知道司马氏家族的名声，便让人推荐其中的贤才。在官渡之战第二年，有人向他推荐了司马懿，于是曹操就派人去请司马懿做官。

要是一般人,碰到这种光宗耀祖、千载难逢的好机会,早就去了。可司马懿不这么想,他认为曹操"挟天子以令诸侯",打着皇帝的幌子对人民发号施令,而且又是宦官家庭出身,若与之为伍简直是读书人的耻辱!

可若直接拒绝,难免会被记上一笔,于是司马懿决定装病卖傻!

曹操的下属来时,司马懿就躺在床上,装成四肢麻木不能自理的样子。其下属当然不相信,万一事情办砸了,依照丞相的脾气,自己脑袋都有可能搬家。他灵机一动,拿出刀子,突然一下刺向司马懿。司马懿凭着顽强的意志,忍住疼痛,竟然连眼皮都没眨一下。特派员相信了,回去向曹操复命。

曹操只能不了了之。

司马懿与诸葛亮数次较量,仅一招就把足智多谋的诸葛亮气得无计可施,那就是任尔风吹浪打,我自坚守不攻。

因为攻守之间向来是攻难守易,司马懿利用自身兵多的优势,藏器待时,等到诸葛亮粮尽、无功而返时,再一路夹击,破解他的野战神话。

最终,五丈原之战,司马懿耗死诸葛亮,从此世间曹魏再无对手,他离年幼时"治国平天下"的梦想也越来越近。

然而,通往梦想的路,往往布满荆棘和险阻。

公元239年,魏明帝曹叡离世,司马懿与曹爽一同受诏,辅佐8岁的幼主曹芳。

曹爽是个权力欲望极强的人,他利用尚书台首辅之便,大肆提拔亲信,想方设法削弱司马懿手中的权力,甚至明面上拜司马懿为太傅,实际上是剥夺了他的兵权。

司马懿不是没有察觉,可惜人事任免大权在曹爽手中,明争不仅会让他自断手腕,还会危及家族。

但历任四朝,经受过血雨腥风洗礼的司马懿又怎会坐以待毙?他以"夫人病逝,哀痛过度,引发旧疾"为由,递交了辞呈。

明修栈道,暗度陈仓。

司马懿假装病重退休,暗地里却重金收养三千死士,分散在京城各处,寻求合适的反击机会。

曹爽听说司马懿已病入膏肓,时日不多,大喜过望,带着三个弟弟簇拥着小皇帝一同出城,去高平陵祭祀先帝。

当皇帝的车驾缓缓驶出京城,消失在飞扬的尘土中时,司马懿父子三人立即戎装在身,发动"高平陵政变",把曹魏政权尽收囊中。

《易经·系辞下》曾说:"君子藏器于身,待时而动。"意思是,君子都懂得身怀绝技,等待行动的机会。

人生之路不可能一帆风顺,走不通时要学会等待,等待事态朝着对自己有利的方向发展,伺机行动,这样才可以达到事缓则圆的效果。

而且,越是逆境越要学会等待,待时而动,才能后发制人。正所谓,藏器待时等闲度,乘势而为成大器。

龙无云则成虫,虎无风则类犬。古今中外的伟大人物之所以能够成功,不仅在于自身才德兼备,更重要的是懂得乘势而行、待时而动。

时机不到就应该等待,时机成熟了才采取行动。

如果时机到了,能够达到极高的地位,建立伟大的功勋,就迅速出击。但如果一直都没有这样的机会,就不如隐姓埋名,淡泊明志。

因势利导，谋排兵与布阵

★ 策略思维 ★

察势者智，驭势者赢。

势是事物发展的客观反映，是一种看不见摸不着的力量。这种力量决定了事物发展的走向，不以人的意志为转移。

想问题、做决策、办事情，能不能顺应形势、因势利导，考验着一个人的智慧和能力。世异则事异，事异则备变。时势不同了，人的思想也要主动调整、与时俱进，做出相应的变通，这样才能顺应时势、切合实际。

善谋、善思、善为，唯有如此，才能把握事态发展的主动权，于变局中开新局。

★ 史例为鉴 ★

汉文帝修了一处园子，并在园子里面养了很多的野兽。有一天他去园子里面查看，负责园子的官员就陪着。

汉文帝问了很多的问题，结果这个负责的官员支支吾吾，一个都答不上来。倒是他旁边的那人回答得非常清楚，问什么答什么，而且对答如流。

汉文帝听了后特别满意，就想把他提拔起来，替换掉原来的那名官员。

正当汉文帝要做决定的时候，旁边一位大臣说："不着急，我先给您说一件事，您听完后再做决定也不迟。"

他先是问汉文帝，前朝护国有功的大臣周博怎么样，后又问东阳侯怎么样。

汉文帝自是都说好。

大臣说:"这俩人是都好,却都不能出口言事,有什么问题他们张口说不清楚。但这并不妨碍他们成为股肱大臣。如果现在因为一个人伶牙俐齿就要提拔他,那么上行下效,慢慢地,大家都开始锻炼自己的口才,而不是踏踏实实地去做实事了。也就是说,以后再出现像周博和东阳侯这样的人才,我们也就发现不了了。"

大臣接着又讲了另外一个故事:秦国的时候,人人都以口辩为上,尤其是苏秦和张仪,他们都是舌辩之士。苏秦靠着一张嘴就能够配六国相印,弄得其他人都开始天天耍嘴皮子,不干事儿了,到了最后朝堂之上就没有可用的人了。

听到这里,汉文帝自然明白是怎么一回事。

所以说,在沟通的过程中也要因势利导。

大臣其实就按照汉文帝的心情和当时的情况先讲故事,使汉文帝对故事有所反思之后,紧接着再来一个故事再把道理说出来,而不是一味地去讲道理,这就叫因势利导。

战国时期,魏惠王看到商鞅把秦国变得强大了起来,于是也学秦孝公的样子,想找一个商鞅那样的人才。

那时候,孙膑和庞涓是同门,他们都拜军事奇才鬼谷子为师,一起学习兵法。

当听到魏国国君以优厚待遇招求天下贤才到魏国做将相时,庞涓耐不住深山学艺的艰苦与寂寞,决定下山,谋求富贵。

庞涓的确有本领,不久便把魏国周围的诸侯小国一一征服。

宋、鲁、卫、郑的国君也纷纷来到魏国朝贺,表示归属。

不仅如此,庞涓还领兵打败了当时很强大的齐国军队。随着声威与地位的提升,庞涓不免开始自以为是、扬扬得意了起来。

后来,魏惠王也听说了孙膑的名声,有一次就跟庞涓说起了孙膑。

庞涓只得派人把孙膑请来，邀他一起在魏国共事。

可不久，庞涓因为忌妒，就在魏惠王面前诬陷孙膑私通齐国。魏惠王十分恼怒，在孙膑的脸上刺了字，还剜掉了他的两块膝盖骨。

幸好当时齐国有一个使臣到魏国访问，便偷偷把孙膑救了出来，带回了齐国。

到齐国后，孙膑被田忌推荐给齐威王。齐威王很器重孙膑的军事才能，任他为军师。

有一次，魏国派庞涓与赵国一起进攻韩国，韩国向齐国求救。齐王派田忌为将军，孙膑为军师，他们一同带着军队前去帮助韩国。

孙膑对田忌说："现在魏国把精锐的兵力都拿去攻打韩国，国内大多是些老弱残兵，十分空虚。咱们不如去攻魏国大梁。庞涓听到了，一定会放弃邯郸往回跑。我们就在半道上等着，迎头痛击他一顿，准能把他打败。"

果然，庞涓得到本国的告急文书，只好退兵赶回去。此时，齐国的兵马已经进魏国了。

孙膑见庞涓被引诱回来，就对田忌说："善战者因其势而利导之。"大意是魏国军队强悍，看不起齐国，总以为他们军队的人胆子小。而善于指挥作战的人，就要顺着这一趋势往有利的方面来引导。

孙膑建议以假装败退、逐日减灶的计策迷惑敌人，好让敌人产生误解。

于是，田忌命令部队修灶做饭，第一天修十万个灶，第二天修五万个灶，第三天减少到三万个灶。

魏国发动大量兵力，由太子申率领，抵抗齐军。

这时候，齐军已经退了。庞涓查看齐军扎过营的地方，发现齐军的营盘占了很大的地方。他叫人数了数做饭的炉灶，足够十万人吃饭用的，顿时被吓得说不出话来。

第二天，庞涓带领大军赶到齐国军队第二回扎营的地方，数了数炉灶，这时只有供五万人用的炉灶了。

第三天,他们追到齐国军队第三回扎营的地方,又仔细数了数炉灶。这回,就只有两万人可使用的炉灶了。

庞涓这才放了心,笑着说:"我早知道齐军都是胆小鬼。十万大军到了魏国,才三天工夫,就逃散了一大半。"

他吩咐魏军没日没夜地按照齐国军队走过的路线追上去。

孙膑估计庞涓追兵夜晚可以赶到地势险要的马陵,就选定一棵大树,刮去树皮,写上"庞涓死于此树下"几个大字,并且让一些弓箭手埋伏在大树周围的乱草丛中,约定见到火光时一齐放箭。

果然,庞涓在夜里赶到了马陵。当他派人点着火把辨认树上的字迹时,无数飞箭一起朝火光射去。

魏军猝不及防,阵容大乱,死伤无数。

庞涓自知厄运难逃,大叫一声:"一着不慎,却成就了你这小子的功名。"说完拔剑自刎。

齐军乘胜追击,正遇太子申率后面的军队赶到,一阵冲杀,魏军兵败如山倒。齐军生擒太子申,大获全胜。孙膑也因此名扬天下。

在孙膑看来,所谓因势利导,其实就是顺应别人的心,引导他走向错误,暗下埋伏,一击制胜。即,我知道你知道的,我知道你想要的,于是我顺应你知道的,我顺应你想要的,继而引导你走进套路,你既已入了局,便打蛇随棍上。

万事万物都有自己的发展方向,有些一目了然,比如水往低处走,有些就难以察觉,比如地球的自转与公转。如果能理清楚各个核心要素的"势",不需要一群人拼命划桨,只要轻轻把好舵,通过借势,船自然会把你带到想去的地方。

好风凭借力,送我上青云。风不以我们的意志为转移,要想成事,只能顺风而行。

所以说只有观察形势、看清形势，因势利导，然后才能找准方向，顺势而为。

方向选对了，还要善谋、善思、善为，才能让自己的努力实现最大化，用最小的代价、最少的力气，乘风而起，青云直上。

心怀全局，应不变与万变

谋一时者败，谋全局者胜。

只看到眼前的人，往往会忽视未来的变化和可能出现的风险。他们为了短暂的利益，可能会出卖他人，甚至做出更危险的决策。

而谋全局的人，他们不仅看到了当前的情况，更考虑到了未来的发展。他们知道如何布局长远，如何以最小的代价换取最大的利益。

拥有全局观的能力，可以帮助我们更好地理解复杂系统、发现隐藏的模式和趋势，以及预测可能的结果和影响。

推翻秦朝的统治后，昔日的盟友项羽成了西楚霸王；而率先进入关中的刘邦此时迫于形势只能听从项羽的分封，汉中成了刘邦的驻地。

蛰伏汉中的刘邦并没有停止奋斗，反而在这里收获了大将韩信，并通过韩信的"明修栈道，暗度陈仓"之计成功"出逃"，还开启了与项羽的正面交锋。

韩信为刘邦鞠躬尽瘁，带领汉军取得了一场场胜利。

后来，韩信率兵成功攻下齐国后，他给刘邦写了一封信，信写得很委婉。大概意思是说，齐地是一个很复杂的国家，而且齐人个个都很善变，如果不立一个齐王，恐怕很难镇住他们。为了齐地的稳定，我愿先代为管理齐地。

韩信虽然写得很委婉,但实际上谁都看得出来,韩信这是在逼刘邦封他为齐王。韩信这么做也是为了投石问路,试探刘邦对自己的态度。

当韩信派的人把信送到刘邦手里时,刘邦刚刚伤愈,元气还没有完全恢复,心中正憋着一口气。

他一听说韩信想做齐国的"代王",脸上顿时就乌云密布起来:"我现在困守在这人不见人、鬼不见鬼的地方,他不但不派兵来支援我,还想自封为齐王,真是狗嘴巴上贴对联——没门!"

刘邦的反应把信使吓得脸色发白、心头发颤,心里道:"我怎么这么倒霉来送这封信啊,这次只怕要吃不了兜着走了。"

关键时刻,张良和陈平起了作用。

不过,碍于信使在场,张良和陈平都没有说话,而是用肢体语言进行暗示,两人一左一右使劲地踩了刘邦一脚。

刘邦就是刘邦,他是何等机敏之人,回头见张良和陈平的眼神马上会意过来,话说到一半立即改口道:"大丈夫做事光明磊落,顶天立地,韩将军立下这么大的功劳,本来就该做真正的齐王,怎么能只是做代理齐王呢?"

"原来如此,虚惊一场。"这下信使一颗悬着的心才落下来,放心地回去交差了。

不谋万世者,不足谋一时;不谋全局者,不足谋一隅。

刘邦顾全大局、审时度势,避免了"三足鼎立"的局面发生。

要知道当时韩信的声望是极高的,他善用兵法,并骁勇善战,连之前的老东家项羽也曾派人来劝降。

但韩信感念刘邦的知遇之恩,也如愿做了齐王,胜利的天平这才倾向了刘邦这一方。

四年多的楚汉争霸,最终以项羽在乌江自刎落下帷幕,从此中国历史上多了一个响当当的平民皇帝——汉高祖刘邦。

格局往往决定一个人的命运，论年轻，刘邦不如项羽；论作战能力，刘邦不如项羽骁勇；但刘邦的远见和气度远在项羽之上，他能容言、容事、容人，这是刘邦战胜项羽的关键。

凡事看得远、想得深，格局自然一点点建立，当一个人的远见和格局超乎常人，那么他不会被一时的得失困扰，更不会郁郁不得志。

不谋全局者，不足以谋一隅。真正的谋略高手如同技艺高超的棋手，懂得在不同阶段采取不同的策略来布局，"算无遗策"才能成为竞争博弈中的最后赢家。

根据形势的发展趋势，灵活地调整我们的计划和行动，以适应时代的变化。这有助于我们做出更全面、更有效的决策，并更好地应对变化和挑战。

真正的谋略高手在不同阶段会运用不同的策略，以实现最终的胜利。

第六章 细枝末节，反败为胜

"天下难事，必作于易，天下大事，必作于细。"（《道德经》）天下难事，一定是从容易之事开始做成的；天下大事，一定是从细小之事开始做成的。

细节是构成事物的要素，不可或缺。有时候，正是一句话、一个动作、一个念想，这些不足为奇的细节，影响甚至决定了结局和命运。

所有的大局，都是由千千万万的细节组成的。

淡定从容，喜怒不形于色

★ 策略思维 ★

一个人的生活顺逆、财富多少和事业成败，往往都与个人的情绪控制能力息息相关。

情绪越失控，福气越稀薄；情绪越稳定，命运越顺遂。如何管理情绪，决定了一个人将拥有怎样的人生。

急则有失，怒中无智。情急之下，必然会有失误，怒火中烧，必然会丧失理智。有很多人，因为控制不了自己的情绪，做了不该做的事，最后悔恨终生。所以，在情绪过头的时候，一定要尽快让自己冷静下来。

喜怒不形于色，掌控好自己的情绪，才能更好掌控自己的人生。

情绪管理从小的方面来说，是管理喜怒哀乐，是疏导情绪；从大的方面来讲，就是提高修养，完善人格。窥一斑而知豹，落一叶而知秋。看似毫不起眼的细节，却能反映一个人最真实的人品。细节宛如一面镜子，能够清晰地照出一个人真正的模样。

吕蒙正是北宋时期的名相，他曾三次登上相位，并曾封许国公、授太子太师。他为人厚道宽容，以坚守正道自律，遇事敢于讲真话，每次讨论时政，有不公允之处，一定坚持反对意见，皇帝赞许他能无所隐瞒。但是，在对待自己的问题时，即便旁人都为他抱不平，他却还是退让不争。

温仲舒与吕蒙正在同一年考中进士，吕蒙正视他如兄弟。

温仲舒因事被人弹劾，逐出朝廷。吕蒙正为相之后，常常在宋太宗面前力荐他，使他得以还朝担任要职。

温仲舒工作做得漂亮，慢慢地，对吕蒙正的态度也傲慢起来。每当吕蒙正据理力争惹得龙颜大怒的时候，他不但不说好话，反而落井下石，通过打击吕蒙正来抬高自己。

对于温仲舒的做法，吕蒙正不置一词，还是经常在宋太宗面前夸赞温仲舒的才干。

宋太宗以为吕蒙正对此一无所知，就提醒他说："你尽说他好，他可是把你说得一无是处。"

吕蒙正却毫不在乎地说："陛下把我安排在相位上，是希望我知人善任，多用有用之才。至于别人说我什么，那就不是我的职权所管了。"

升任宰相不久后，吕蒙正罢免了涉嫌贪赃枉法的河南蔡州知州张绅。张绅的同党到处喊冤，说吕蒙正利用权势发泄私愤。

早年，吕蒙正生活清苦，曾向张绅求助过。当时张绅不但没有援助，还狠狠地羞辱了他一番。

宋太宗听到这个传闻后，认为张绅家境富裕不会铤而走险，于是自作主张，直接让张绅官复原职。

这不是对吕蒙正工作的极大否定吗？这事换了谁，都会为自己辩解一番，但是吕蒙正却只字不提，当作什么都没发生过一样。

后来，张绅的罪证摆到了宋太宗的面前，宋太宗知道自己错怪了吕蒙正，就问他："你一向仗义执言，为什么自己被冤枉了却一言不发呢？"

吕蒙正回答道："我平时犯颜直谏，是为了黎民苍生，不能不说；而我个人被误解，总有水落石出的一天，又有什么说的必要呢？"

人生不可能事事顺遂，所以人有时有点负面情绪也很正常，但经常发脾气就不太正常了。脾气人人有，发脾气是本能，但能把脾气压下去才是本事。

很多人的失败，不是因为没有能力，而是败在了负面情绪上。人这一生，情绪决定心态，心态决定命运。学会控制情绪，才能控制人生。

三国时蜀汉名将张飞，雄壮威武、英勇善战、忠诚侠义。但这名猛将，不是死在轰轰烈烈的沙场之上，也不是病故，而是被自己的部下刺死于军帐之中。

这一年，张飞只有53岁。没有深仇，没有大恨，张飞之死，只是缘于自己的情绪之失。

公元196年，张飞将刘备好不容易得到的战略要地徐州丢了。

为对付袁术，刘备和关羽外出作战，只留张飞一人驻守下邳。张飞想到刘备让其戒酒的事情，搞了一个兴师动众的戒酒宴。

本就不喝酒的曹豹，在被张飞强迫喝下一盏酒后，难受无比，再也不喝了。暴怒的张飞喝令军士抽打曹豹一百鞭。

陈登斗胆善意地提醒张飞，说起刘备让其戒酒的嘱托，想为曹豹求情。

但张飞直接回怼："你是文官，只要管好文官的事，休要管我！"结果，曹豹被狠狠地鞭打了一通。

被张飞冤打的曹豹，当夜立即联络自己的女婿吕布，他们来了个里应外合，拿下了徐州这一战略重地。

因一盏酒，张飞情绪失控而打人，为此还付出了惨痛的代价。可即便如此，张飞还是没能吸取教训。

关羽大意失荆州，败走麦城，最终被孙权杀害。噩耗传来，张飞悲伤至极，不顾戒酒之嘱又酗起酒来。张飞一喝多就情绪失控，动不动就鞭打士卒，有的士卒甚至被他打死了。

张飞还在军中下令，三日之内造十万白旗白甲，全军挂孝伐吴，不得有误。时间太紧，实在是难以完成的任务，部将范疆、张达请求张飞宽限一些时日。可报仇心切的张飞非但不听，还将两人打得口吐鲜血，最后依然硬性要求，不能如期完成任务，军法处置！

第二天晚上，两人合计，本来任务就完不成，现在又被如此暴揍，岂能就这样算了？与其等待被斩杀示众，不如自己提前行动。范疆、张达趁张飞醉酒熟睡之际，偷偷闯入张飞的军帐中，将他杀死了。

在战场上万人莫敌的猛将，就这样在睡梦中被自己的部下轻而易举地杀死了。

出师未捷身先死，长使英雄泪满襟。教训何其惨痛？

其实，刘备在与张飞商议出兵前，就告诫过张飞，要防范酒后暴怒、鞭挞健儿的毛病，因为这是"取祸之道"。只可惜，张飞不听劝阻，最终果真因情绪之失死于非命。

不怨天，不怨地，只怨自己管不住情绪。再大的本事，也抵不过自己的情绪之失。

谋定才能沉静，沉静才能干事，干事才能成事。成大事者，越是遇到惊天动地的大事，越能心静如水、沉着应对。

要成为自己的主人，就要掌控好自己的情绪，把负面情绪的影响降到最低。喜怒不形于色，才能不被情绪所干扰，做出正确的选择。遇事不乱，处变不惊，才能以静制动，屡战屡胜。

沉得住气，静得下心，方能一步步找到自己的做事节奏和步调，才能更有效地提升自己的做事效率。

诱人以利，目的不宣于外

《孙子兵法》里讲"利而诱之"，这句话真是道出了人性的弱点。

用利益做诱饵，引导别人做事，往往能收到事半功倍的成效。

成大事者要想达成目标，不能只盯着自己眼前的一点小利，要有舍利的胸怀，不吝啬用丰厚的利益去吸引人，甚至要超过对方原本的期望，让他们在利益的驱动下为自己所用。但是切记要沉稳平静，不能被对方看出自己的目的所在。

春秋时期，晋国是一个大国，在它的旁边有两个小国，一个虞国，一个虢国。这两个小国相邻，国君又都姓姬，因此关系非常密切。

虢国和晋国接壤的地方经常发生冲突，晋献公想灭掉虢国以绝后患。可是他刚说出这个想法，大夫荀息就劝道："虞国和虢国两国唇齿相依，如果我们贸然攻打虢国，虞国肯定会出兵救援，这样一来，我们不一定能占到什么便宜。"

晋献公问："难道我们拿虢国没办法了吗？"

荀息给晋献公出了一条计策："虢公荒淫好色，我们可以送给他一些美貌的歌女舞女，当他纵情享乐、荒疏政务时，我们就有机会攻打虢国了。"

于是晋献公就派人送了一些歌女舞女给虢公。

虢公大喜，果然成天享乐，不理朝政。

晋献公问荀息:"现在可以攻打虢国了吗?"

荀息说:"如果我们现在攻打虢国,虞国还是会出兵救援,还得再用一计才行。攻打虢国要经过虞国,我们可以向虞公送上一份厚礼,向虞国借道。虞公一旦收下,虢公定然会起猜疑,如此我们就能多一分胜算。"

晋献公一狠心,把晋国的国宝一匹千里马和一对价值很高的白璧作为礼物,派荀息送给虞公。

荀息到了虞国,奉上礼物。虞公看着殿前的那匹千里马,只见它身长一丈五尺开外,高一丈有余,通体洁白并无一根杂毛,马头高高地仰着,气宇轩昂,似乎随时都能乘风而去。虞公当下便知这匹马定非凡马可比。

荀息见虞公看得两眼发直,在一旁说:"这匹马日行千里,夜走八百里,乃是我们晋国的国宝。"虞公听了不停地点头。

荀息对虞公说:"您再看看这对白璧,色泽白净如羊脂,拿在手里观赏,宝光夺目,温润可人。更难得的是这么大的白璧竟然没有一点瑕疵,雕琢得浑然天成,这也是我们晋国的国宝。"

虞公把白璧拿在手里细细赏玩,看得眼珠子都要掉出来了。

这时他唯恐荀息把这些宝物要回去,急忙问荀息:"贵国送我这两件宝物,是不是有什么事要我帮忙?"

荀息恭恭敬敬地说:"我们要讨伐虢国,想要向贵国借一条道,如果我们打胜了,所有的战利品都送给贵国。"

虞公一听,晋国的条件对虞国来说惠而不费,且虞国还将坐享其成,赶忙满口答应下来。

事后,大夫宫之奇劝谏虞公道:"此事万万不可答应,虢国和我国是近邻,有事互相照应,两国的关系就好比嘴唇和牙齿,嘴唇要是没了,牙齿就会觉得寒冷;要是虢国被消灭了,我们虞国也就危险了。"

虞公所有的心思都在这两件宝物上,哪能把咽进嘴里的美味再吐出来?

虞公心里虽然知道宫之奇说得有道理,但是他看看那匹神骏的千里马,再看看案子上温润无瑕的白璧,沉吟了一会儿说:"晋侯把国宝都送给我们了，可见他们的诚意，虽然失去虢国这个朋友，但结交了强大的晋国，这对我们来说还是很有利的啊。"

宫之奇还想再劝谏，站在他身边的大夫百里奚把他制止了。

散朝之后，宫之奇问百里奚："晋国送我们礼物，明显是不安好心，你为什么不让我劝谏国君？"

百里奚回答："你看国君对那两件宝物那么着迷，他哪会听你的话？"

宫之奇预见虞国很快就会遭到灭顶之灾，于是悄悄地举家搬迁了。

过了不久，晋献公派大将里克和荀息带领大军讨伐虢国，晋军借道经过虞国的时候，虞公还亲自出来迎接，他对里克说："为感谢贵国的盛情，我愿意带兵助战。"

荀息回答道："您要是愿意帮助我们，那就帮我们骗开虢国的关卡吧。"

虞公按照荀息的计策，带兵假装援助虢国，帮晋军骗开了虢国的关卡，晋国大军很顺利地就灭了虢国。

战胜后，里克分了很多战利品给虞公，虞公看到一车车的金银珠宝，乐得嘴都合不拢了。

里克借机说要把大军驻扎在虞国都城外休息几天。虞公同意了。

有一天，有人向虞公报告："晋献公到城外了。"

虞公赶忙驱车出城迎接，两位国君一见面，晋献公对虞公说："这次灭虢国，贵国对我们的帮助很大。现在我特地前来致谢，今日天气晴朗，我们一起去打猎如何？"

虞公高兴地答应了，晋献公又说："围猎必须多派些人同去，贵国士兵熟悉本地的地形，还请您多带些人。"

虞公就把全城的兵马都调出城去打猎。当他们高兴地在围场上打猎时，忽然看见百里奚飞驰而至，他慌张地对虞公说："出事了，您赶快回去吧。"

虞公赶忙回城，到城门边一看，只见城门紧闭，吊桥高悬，城门楼上闪出一员晋军大将，他得意扬扬地对虞公说："上次多谢你们借道让我们灭了虢国，现在我们顺手把你们虞国也灭了。"

虞公一听，吓得面如土色，回头一看，身边只剩下百里奚了。虞公想起当初宫之奇劝谏自己的话，后悔不迭地对百里奚说："当初宫大夫良言相劝，我怎么就不听呢？"

这时候，晋献公的人马也到了，他见到虞公眉开眼笑地说："我这次到虞国来，就是要亲手取回我们的两件宝贝。"

虞公由于目光短浅，见利眼开，不仅没有保住自己的地位，连自己的国家也丢了。

最先尝到甜头的人未必到最后也饱尝硕果，倒是最先吃亏的人占了最后的大便宜。

用显而易见的利益诱惑对方，使其失去警惕，对人展示诱人的好处，在对方没有充分考虑潜在风险的情况下，令对方放松警惕从而轻易落入已经设计好的圈套之中。

人生中，是应该只看到眼前直接的小利益，还是应该把眼光放长远一些，发现更大却比较隐蔽的利益呢？这可是很大的学问。反之，掌局者若能吃透这一点，懂得利用他人贪图小利的心理，以此诱之，必然能用此道达成自己的目的。

观察入微,及时给予判断

细节是构成人们行为、言语和思想的基本单位,它如同一面镜子,反映着一个人的态度,也直接或间接决定了事情的成败。

关注细节,不是盯着细小之处吹毛求疵,而是把握细节,以细致入微的观察,去探寻事物的本质和真相,看出细节背后蕴含的本意,并以此采取相应的措施,实现趋利避害。

观察力的高低反映了感知能力的高低,感知能力的高低决定了思维认知能力的高低。

汉景帝时期,楚元王刘交喜爱书籍,与申公、穆生、白生曾是同学,都曾拜浮丘伯为师,学习《诗经》。后来他当了楚王,就任命这三人为中大夫。

楚元王知道穆生不喜欢喝酒,每次设宴时,都会特意为他准备甜酒。

等到楚元王的儿子刘郢客以及孙子刘戊为王时,也会循例在举行宴会时为穆生特备甜酒,但慢慢地就不这样做了。

穆生因此退席而出,对自己说:"是时候离开了。不特设甜酒,说明楚王对我已怠慢了;再不离去,楚王怕会给我戴上刑具,让我在街市上示众。"

于是穆生声称有病,卧床不起。

申公、白生极力劝他继续为楚王效力,说:"你就不念先王的恩德吗？现在楚王只是一时稍有礼貌不周，哪有你想的这般严重？"

穆生说："《易经》上说，知道契机的神妙吗？契机，是动机的微妙变化，是显示吉凶的先兆。君子看到契机而采取行动，并不整天等待。先王礼待我们三人的原因，是他心中有道义；现在楚王怠慢我们，是忘记了道义。怎么能和忘记了道义的人长期共处，难道我这样只是因为那区区的礼节吗？"

最终，穆生离开了楚国。申公和白生则继续留任楚国。

楚王刘戊逐渐荒淫残暴，太傅韦孟作了一首诗，委婉地批评了楚王。楚王不加理睬，韦孟也失望地离开楚国，去了邹地居住。

后来，刘戊因犯罪被朝廷削夺封地，他与吴王刘濞通谋，准备叛乱。申公、白生去劝谏刘戊，刘戊将他们二人罚为罪徒，将他们用绳拴着，穿着刑徒的红褐色囚衣，在街市上舂米，果真应了穆生所言。

生活本身就是一个个细节拼凑出来的，所有细节的总和就是生活。洞察力就隐藏在我们日常生活的点滴之中。通过细心观察，我们就可以发现很多隐藏在表面之下的信息和线索。

1%的错误可能会带来100%的失败。永远不要小看每一个细节，一旦忽视或疏漏某个细节或在某个细节上出错，极有可能前功尽弃，满盘皆输。

而很多人因为重视细节，一招制胜，往往能抓住命运的转折点或赢得战争的胜利。

宋国有一族人善于制造一种药，叫作"不龟手药"。冬天时将这种药擦在皮肤上，可以让皮肤不干裂，还不生冻疮。这一族人靠着这个秘方，世世代代做漂染布絮的生意，日子倒也过得充足殷实。

后来有个买布的商人知道了这件事，就出重金买下了这个秘方。

当时吴越两国是世仇，不断交兵打仗。这个商人便将秘方献给吴王夫差，并说明了这药在军事上的用途。

夫差得此秘方非常开心，便在冬天发动水战。吴国士兵都涂了药粉，不生冻疮，战斗力极强；而越国士兵仓促应战，加上大部分人都患了冻疮，苦不堪言，最终大败而归。

吴王重赏进献秘方的商人一块土地，商人从此大富大贵，再也不用去经商了。

由于天气恶劣及生活环境的影响，生冻疮本是一件小事，但是在吴越战争中，却因为这件小事导致了两方在战斗中呈现出完全不一样的状态和结局。可见，细节决定成败！

一念通，万事明；一念迷，万物暗。洞察力决定视野，人的成败其实都在一念之间。培养自己的观察力，就是开智，就是提升自己的格局。

厉害的掌局者都拥有非凡的观察力。观察力，是对细节的明察秋毫，是对事物和人物的深度感知。它决定着一个人做事的成败，甚至会改变一个人的人生。

观察力的价值，相当于人毕生的经验。一个人的所有进步，本质上都是在洞察后思维力提升所形成的。

掌握观察力和思维力，可以让人生少走很多弯路，可以让人更接近成功。洞察力，可以驱动人生，可以解决问题，更重要的是，它导致了人与人之间的差别。

未雨绸缪，行有准备之为

★ 策略思维 ★

《礼记·中庸》中有句古训："凡事预则立，不预则废。"任何事，提前做好准备，提前思考，拿出规划和谋略，才更容易走向成功。

再简单的事情，没有准备，也难免出现差错；再难的事情，精心谋划，或化不可能为可能。真正的智者，能够细心观察，长远打算，成竹在胸。

成大事者，少能未卜先知，多能未雨绸缪；不在乎一时成败，更关注整体得失。因而，他们能将凡事看得透彻，想得明白，计划周详，终有所成。

★ 史例为鉴 ★

在做事前做好准备，运筹帷幄，未雨绸缪，便能有条不紊地执行策略，游刃有余地做好相关事务。

贾诩出身武威郡正统的儒学世家，他年纪虽轻却聪慧过人，早早就声名远播。年轻时的贾诩身体不好，因而辞官返乡，但就在他返乡的路上遇到了劫匪。

眼看着就要被劫匪活埋了，贾诩却淡定自若地对劫匪说："我段公外孙也，汝别埋我，我家必厚赎之。"

当时戍守西北边疆的大将正是太尉段颎，段颎智勇双全，威震西北边境，深受当地人的敬爱，所以贾诩便假称是段颎的外孙来吓唬对方。

劫匪一听，不仅没有杀贾诩，还热情招待了他一番，最后也让他平安离去。

就这样，贾诩借段颎的威名躲过了一劫。

初平三年，吕布和王允诛杀董卓。董卓死后，他的部下李傕、郭汜等人不得不准备逃亡。

就在这个时候，贾诩出现在众人面前，他对已经收拾好行李的李郭二人说道："王允准备杀光你们凉州人，反正横竖是个死，何不召集军队、攻入长安，赢了可以得天下，输了再死也不迟。"

李郭二人依计杀回长安、诛灭王允，控制了中央政权。二人回过头来一想，这次之所以能够成功，多亏了贾诩的计谋。所以他们准备封贾诩为侯，但贾诩坚辞不受。二人又想封他做尚书仆射，可贾诩还是拒绝了。

果不其然，李郭二人后因利益冲突而兵戈相向，最终同归于尽。凉州旧部也死的死，逃的逃，唯有贾诩没有受到任何牵连。

原来，他早就看出李郭二人不是当老板的料，于是早早辞职，带着自己的家人，投奔了当时屯驻在华阴的同乡段煨。

段煨表面上对贾诩礼遇有加，心里却一直担心贾诩会抢夺自己的兵权。

贾诩知道段煨对自己的怀疑，私下联系上张绣。张绣是贾诩的同乡，身边正缺少像贾诩这样可以出谋划策的人。贾诩这么一说，张绣不久便派人把贾诩接走了。

当时有人问贾诩："段煨将军待你这么好，你为何还要离去？"

贾诩笑着说："煨性多疑，有忌诩意，礼虽厚，不可恃，久将为所图。我去必喜，又望吾结大援于外，必厚吾妻子。绣无谋主，亦喜得诩，则家与身必俱全矣。"

事情的发展正如贾诩所料：张绣对贾诩"执子孙礼"，段煨也对贾诩的家人照顾有加。

可贾诩还是没有因此而安下心来。他清楚地知道，张绣虽强，但在诸侯中还排不上号儿。在众多诸侯里，最有发展前景的要数袁绍和曹操二位。

恰在此时，袁曹双方都派遣使者来拉拢张绣。

一边是四世三公、坐拥四州的袁绍，一边是刚刚战败、相形见绌的曹操，这如何选择还用说吗？

于是，张绣热情地款待了袁绍的使者，准备向袁绍投诚。贾诩却劝道："袁本初连自己的亲兄弟都容不下，又拿什么来包容天下英雄呢？"

此言一出，举座震惊，袁绍使者更是当场拂袖而去。

事后，张绣埋怨贾诩说："袁绍如此强大，先生为什么还要拒绝他的好意呢？"

贾诩解释道："绍强盛，我以少众从之，必不以我为重。曹公众弱，其得我必喜。我这是为将军提高分量啊。而且在我看来，袁绍绝非曹公敌手，将军尽管放心吧。"

就这样，贾诩跟着张绣一同投入曹操的麾下。

找到了大树，但是能不能好好乘凉，还得看大树乐意不乐意。

曹操占据荆州，贾诩劝他不要继续进军，曹操不听，最终赤壁大败；在面对马超的西凉联军进犯时，贾诩一招"离间计"让联军分崩离析，不攻自破，助曹操一举定关中。

贾诩清楚地知道自己只是一个"外来户"，并非曹操的亲信旧臣，加上自身策谋深长，这对生性多疑的曹操来说，无疑是一个潜在威胁。

为了让自己不陷入其中，贾诩是能有多低调就有多低调。但有时麻烦却喜欢不请自来。

当时曹操还没有确立太子，曹丕和曹植争夺太子之位的较量早已暗潮汹涌。

那时的曹植才名方盛，深得人心，大有赶超曹丕之势。

这让曹丕忐忑不安，于是他偷偷派人问计于贾诩。

贾诩不好推脱，只好说一点场面话："愿将军恢崇德度，躬素士之业，朝夕孜孜，不违子道，如此而已。"

做个好人，做个孝子吧，这样就足够了。这就是贾诩的回答。

同样烦恼的除了曹丕，还有曹操。

曹操也不知道立谁为继承人才好，他也想找一个人给自己提一些建议，于是也找到了贾诩。

贾诩知道逃不过，那就给他来个"闭口不言，装聋作哑"。

当曹操问贾诩立谁为世子时,贾诩犹如未闻,只在一旁低头沉思。

但在曹操的刨根问底下,贾诩终于招架不住,只好开口答道:"臣刚才突然想到了几个人,所以没能立刻回答。"

曹操问道:"谁?"

贾诩回答:"袁本初和刘景升父子。"

一句看似不是回答的回答,表明了贾诩的态度。他以袁绍、刘表为前车之鉴,暗示曹操不可废长立幼。

曹操听后大笑,贾诩也放下了始终悬着的心。

在事情还没开始的时候未雨绸缪,学会看清事物之间千丝万缕的联系,不放过小细节,才能在事情真正到来之时游刃有余、轻松应对。贾诩深谙此道,才一次次化险为夷。

掌局智囊

在巅峰时,未雨绸缪;在低谷时,积蓄力量。无论身处何种境界,都能坦然处之,找到应对的策略,才是真正能干成大事的人。

事先准备才能有所防备,如果等到事情恶化到不可收拾的地步,再去亡羊补牢可能就已经晚了。

在形势还不成熟或者自己不具备相应能力的时候,就应该放弃冒险的念头,静观其变等待时机。

懂得未雨绸缪的人,会给自己留有足够的时间、空间,去应对可能发生的任何状况。未雨绸缪,是抵御危机最好的屏障。

糊涂有时，看破却不说破

《论语》云："讷于言而敏于行。"君子说话做事，注注谨言慎行。很多时候，祸从口出，所以说话要格外谨慎，看破不说破，是尊重别人，也是在保护自己。

看破，是能力；说破，是勇气；看破不说破，是智慧。一个人，洞悉了一切，却能通过自己的细致拿捏，做到"随心所欲而不逾矩"的超脱境界，这样的风度和气度着实令人赞叹。

看破不说破，体现了一个人丰富的人生阅历、超群的智慧以及宽广的胸襟。

☆ 史例为鉴 ☆

看破不说破，不仅是给别人留台阶下，更是给自己留有余地；看破不说破，不仅体现了人性的善良，同时也是在保护自己。

曹操当上丞相后，位高权重，但在那种乱世之中，他时刻都在担心自己被人暗算，就连睡觉都睁着一只眼。

后来，曹操想出了一个主意，他说："我梦里常常会杀人，大家注意着点儿，在我睡觉时不要靠近我。"

他这么一说，无非是布一种疑阵，为自己增加一层保险。曹操也知道，不来一次真的梦里杀人，是不会起到震慑作用的。

一日，曹操中午正在睡觉，睡着睡着，身上盖着的被子就要掉到床下了。

侍从看见了，盘算来盘算去，最后还是壮着胆子去拖正了一下被子。

就在此时，曹操猛然而起，随手抽起床头的剑……

其实，关于曹操梦里会杀人这事，有不少人存疑。他身边都是绝顶聪明的人物，曹操的小把戏，大多人都心知肚明。像郭嘉、许攸什么的，心里亮着呢，但就是不说出来。这是主公自己设计的一种安保措施啊。

可偏偏就有一种自以为聪明的人，不说出来好像不能彰显自己的聪明似的。

杨修就是这样一种人。

杨修确实聪明，满腹才华，一身韬略，就是不够沉稳。

曹操这个把戏他也看出来了，可是他却藏不住，说："都说主公在梦里，我看大家才在梦里呢。"意思很明显，就是说主公在欺骗大家。

这个话很快就传到了曹操的耳朵里，曹操心想："这个家伙会坏我大事，留不得。"这也为后面曹操杀杨修做了铺垫。

生活中，管不住嘴的人，常常因为自己的嘴惹是生非，陷入无尽的麻烦中。口乃心之门户，管得住嘴的人，才能管得住自己的心，看破不说破，从而远离是非麻烦。反之亦然。

赵匡胤在960年发动陈桥兵变，黄袍加身，史称宋太祖。

即帝位后，禁军统帅出身的赵匡胤非常忌惮掌控禁军的高级将领们，时刻担心他们会效仿自己，从而威胁到自己的帝王之位。

961年，赵匡胤通过"杯酒释兵权"，解除了一大批禁军高级将领的兵权。

接着，赵匡胤对弟弟赵光义所任的殿前都虞候的职务也进行了调整，任命张琼接替赵光义担任都虞候职务。

张琼对赵匡胤非常忠心，当年在攻打寿春时，幸亏有张琼为赵匡胤身挡飞矢，赵匡胤才安然无恙，而张琼自己被飞矢射中大腿，身负重伤。

虽然张琼曾救过赵匡胤的命，但出于对禁军将领的猜忌，赵匡胤还是在张琼身边安插了史珪和石汉卿两个耳目。

张琼和这两人向来不和。

张琼身为武将，性情粗暴，做事又不拘小节，先是私养了一批兵马，后来又将反宋将领李筠的家奴占为己有。

这两件事被史珪和石汉卿告发，称张琼私养兵马，还称他污蔑赵光义，有不臣之心。

张琼被赵匡胤缉拿后，很快被赐死。张琼死后，都虞候一职由杨信接任。

相比张琼，杨信的声望很低，几乎没有什么战功可言，在禁军中也只是一名中下级军官。

但杨信有个优点，那就是为人谨言慎行。所以赵匡胤鉴为避免再出现类似的张琼事件，就任用杨信为都虞候。

967年，都虞候杨信突患怪疾成了哑巴。

但奇怪的是，杨信身边的家童玉奴对杨信的心意却非常洞晓，杨信平日的工作指令等都能通过玉奴准确地传达下去。

一个哑巴会有什么威胁呢？

自此，赵匡胤对杨信更加信任，不断加授杨信的官衔。杨信则更加勤勉地回报赵匡胤的圣恩。

赵匡胤死后，他的弟弟赵光义即位。

赵光义对前朝的重臣进行了彻底的换血，但由于杨信谨言慎行，对皇权毫无威胁，得以继续留任禁军。

978年，杨信在临死前一天突然开口讲话。赵光义大为诧异，移驾杨信府中亲自探视。杨信对两朝皇帝感激涕零，但在次日便病逝了。

杨信既没有像张琼一样有恩于赵匡胤，又没有军功和名望，所以身处敏感职位的杨信如履薄冰，心有余悸。

为了低调自保，使赵匡胤放弃对自己的猜忌之心，杨信干脆装起了哑巴。谁会对一个哑巴存有戒备心理呢？

直到杨信临终前，他开口感谢了皇上对自己的知遇之恩，人们才知道真相。

原来，杨信一直装哑是因为有前车之鉴，他害怕步后尘，所以默默做好自己，不多说一句。

杨信深知祸从口出的道理，知道沉默可以让自己少惹是非、少留把柄，也能不让杂念扰乱心智。

他很聪明，但是不耍聪明，最后得以善终。

为人处世，看破不说破，是一种洞察力，更是一种大智慧。

无论我们在哪个圈子里，总会遇到看不惯的人和事。如果对看不惯的人和事，总是翻脸揭穿，只会使自己陷入一个恶性循环。能在看破之后却不说破，看清之后却不揭穿，才是真正的修行。

人生应当看清，看透，不说破。看清需要智慧，看透需要阅历，不说破则需要胸襟。有这种胸襟的人，精神世界一定是丰富的、充实的。

一个人倘若能通过自己的体悟，看清这个世界；并且能够通过自己的细致分析，将事物看破而不说破，他的人生，定将达到超凡脱俗的境界。

THREE 终篇

策略
登巅峰之路径

懂得变通,

不通亦通。

第七章 打破思维，跃飞龙门

不破不立，破而立新，只有突破自己，才能拥抱更好的人生，破茧化蝶就是这个道理。

人，一旦有了破局的勇气，即使被眼前的枷锁禁锢，也能不为所困，让生命更加精彩。

破局而立，向新而生。

变而后通,破他人不破局

策略思维

人与人之间的差距在于认知,能冲破自己的认知局限,从善如流,才能突破人生上限;而改变不了自己的无知,一意孤行,到哪里都是囚徒。

懂得变通,不通亦通。

人最大的灾星是自己,最大的救星亦是自己。执而不化的人,遇路不通时,钻牛角尖,撞到头破血流都不回头;而圆融变通的人,不滞于物,能跳出思维的牢笼,一面杀敌,一面自救。

史海拾鉴

郭子仪在唐肃宗时期开始平定安史之乱,到唐代宗时期,经过几年浴血奋战,叛乱基本平定。因为功勋卓著,郭子仪被封为汾阳王,其个人威望一度如日中天。

唐代宗为了表示恩宠,将自己最心爱的女儿昇平公主嫁给了郭子仪的幼子郭暧。

有一次郭子仪大寿,郭家儿孙以及朝廷百官欢聚一堂,唯独不见昇平公主露面。

驸马郭暧觉得很没面子,回家后责难公主。公主说,自己金枝玉叶,怎么能去给郭子仪拜寿。郭暧说,嫁进郭府就是郭家的人,理应给父亲大人拜寿。

两人争执不下,郭暧借着酒劲打了公主,还气呼呼地指着公主说:

"没有我的父亲，哪里来的李唐江山？大唐李家之所以坐拥天下，也是老郭家抬举的结果。"

昇平公主哪受得了这个气，梨花带雨地跑回了皇宫，找唐代宗和母后去告御状。

郭子仪知道儿子闯了大祸，大惊失色。他先训斥了儿子一顿，接着绑了郭暧，将儿子送往皇宫听候发落。

唐代宗见了郭子仪父子，对郭暧发怒说："你父亲乃是大唐的臣子，保护大唐江山是他的职责所在，孺子怎可胡言乱语？"

郭暧跪伏在地，说自己酒后胡言乱语，请求父皇原谅。郭子仪在一旁说自己教子无方，请求皇上一并发落。

唐代宗故意演了一出戏，让左右金吾卫将郭暧推出午门斩首示众。

这时候，皇后娘娘和昇平公主从屏风后边出来了，二人请求唐代宗大事化小，小事化了，饶了郭暧这一回。

唐代宗看见公主求情了，他哈哈大笑，安慰了郭子仪几句，然后让人给郭暧松绑。郭暧和昇平公主和好如初，带着公主回家去了。

一场风波总算过去。郭子仪吓了个半死，他寻思功高震主毕竟不是好事，唐代宗还算明事理，要不然就不会是这个局面。

郭子仪千恩万谢，没过几天就交出了节度使和天下兵马副元帅的兵符。

唐代宗为了让郭子仪安心，给郭暧官升三级，还亲自挑选工匠，为郭子仪的汾阳王府进行升级改造。

所谓树大易招风，尽管郭子仪已交出了兵符，但宦官鱼朝恩总是在唐代宗身边进谗，诋毁郭子仪。天下没有不透风的墙，这件事还是传到郭子仪的耳朵里。郭子仪心想："如何才能化解别人的攻击，让自己无懈可击呢？"

有一天郭子仪无事，就去检查王府的围墙改造，他见工匠们正在砌墙，就吩咐工匠把围墙修得结实一些。

没想到，这位工匠听到郭子仪的话却很不高兴，停下手中的活儿，对郭子仪说:"这几十年来,京城长安里,王公贵族的府第宅院的墙全都是我修的,我只看到这些府第宅院的主人走马灯式地变换,却从来没看到我修的院墙因工程质量问题而倒塌……"

郭子仪听了这话,恍然大悟,就去辞官,告诉唐代宗他想告老还乡。可唐代宗不允。

郭子仪琢磨了很久,想出了一个办法。他下令让人把王府的围墙全部拆掉,敞开王府大门,外人进府也不用通报。

后来,郭子仪的王府彻底变成了一处完全开放的街心公园。他家占了整个长安城亲仁里的四分之一,人们竟然分不清哪里是郭子仪的府第。他的汾阳王府因此也成为京城长安的一大景观。

郭子仪出将入相三十余载,历经玄宗、肃宗、代宗、德宗四朝而不倒,封妻荫子,荣华奢侈集于一身而不被怀疑,被世人称为"官场不倒翁",他一直活到了85岁高龄辞世。

这个世界上,有的人成功了,有的人没有,那是因为每个人使用头脑的方法不同。优秀的人都善于动脑筋,学会用思路寻找出路,能适时突围而出,推开成功之门。

墙,推倒了就是门;思维,打开了就是路。不破不立,打破旧的思维枷锁,生机才会出现。人的命运往往为思维方式所左右,只有勇于跳出原来的格局,以一种崭新的思维方式去思考人生路上遇到的难题,才能真正改变自己的命运。

真正的高手都有破局思维。遇到问题走进死胡同的时候,不妨掉个头,事情便会从另一个方向展开。

出奇制胜，行他人不行路

★ 策略思维 ★

有时候事情陷入僵局，常规的方法也许无法让我们获得成功，这时就要出奇制胜、懂得运用谋略，才能让事情继续推动下去，从而获得成功。

在面对紧急情况时，我们不能被常规思维所束缚，要敢于尝试新的方法、打破常规。同时，我们还需要保持冷静、沉着应对，不被情绪所左右。只有这样，我们才能在生活的棋局中，走出一条出奇制胜的道路。

★ 史例为鉴 ★

公元前314年，齐国趁燕国内乱，攻破了燕国都城，杀死了燕王哙。燕昭王继位后决心报仇雪恨。

公元前284年，燕昭王派大将乐毅攻齐。5年间，燕军接连攻下齐国七十余城，最后只剩下莒和即墨还在齐人手中。

齐国人田单精通兵法，足智多谋。但一开始他只是临淄的一名小吏，当乐毅率燕军攻入齐国时，他逃往了安平。不久，安平被燕军攻破，田单又跑到了即墨城。

这时，乐毅又将即墨团团围住，即墨大夫战死，守军就推举田单为将军，领导即墨的抗燕斗争。

公元前279年，燕昭王去世，惠王继位。

燕惠王当太子的时候，与乐毅曾有过隔阂，彼此成见很深。田单了解到这个情况后，就暗地里派人到燕国去散布流言，说："乐毅迟迟不攻打即墨是想收买人心，以便将来在齐国称王。齐国人最担心的就是怕另换一个主帅，那样，即墨就会被攻破。"

燕惠王对流言信以为真，立即派大将骑劫接替乐毅的职务，并调乐毅回国。

乐毅被无故撤职后，燕军的士气十分低落。田单又派人混进燕军内部，散布谣言说："齐军最怕的是被燕军割去俘虏的鼻子，如果燕军进攻时，把割去鼻子的齐兵俘虏摆在队前，即墨城一定不攻自破。"

骑劫听了，不知道是计谋，就照着做了。

守城的齐兵看见自己的同胞被割去鼻子，生怕也被燕军俘虏，守城的意志更加坚定了。

接着，田单又派人散布谣言说："我们最怕燕国人挖掘我们城外的祖坟，凌辱我们的祖先。"

燕国人信以为真，把城外所有的坟墓都挖开，把尸骨堆在一起焚烧。即墨军民目睹燕军的暴行，无不咬牙切齿，一致要求与燕军决一死战。

田单看到齐兵被激得士气高昂，抓紧进行反攻燕军的准备工作。他先派使者到燕营请求投降，并且与骑劫约定投降的日期。接着，田单又命人把百姓手中的金子集中起来，让城里的商人携带出城，秘密地送给燕军将领，假意乞求说："我们即墨就要投降了，请你们进城后不要掳掠我们的妻儿。"

燕军将领收下礼物，满口答应，又觉得胜利在望，战备更加松懈了。

这天夜里，齐军向燕军发动进攻。

田单把城里的一千多头老牛集中起来，给它们披上大红色的衣裳，上面画着五颜六色的图案，又在牛角上捆上锋利的尖刀，尾巴上绑上浇满了油的芦苇，然后点着火，将牛从暗中凿穿的几十个城墙洞口赶出去，同时派五千精兵跟在牛群后面。

很快，牛的尾巴烧着了，牛被灼痛，就吼叫着朝前面的燕营猛冲过去。

睡梦中的燕军被这突如其来的攻势吓得手足无措，四散逃亡，其中被牛撞死、踩死的士兵不计其数。

跟随牛群的五千齐兵冲入燕营，大刀阔斧地勇猛冲杀。另一边，齐军在城上擂起战鼓，喊杀声惊天动地。

燕军没有任何准备，突然遭到这么猛烈的袭击，很快就溃不成军了。

齐兵趁乱杀死燕将骑劫，燕军没有了主帅，士兵四处奔逃。田单率兵奋力追击，终于收复了被燕军占领的七十多座城池。

接着，田单又拥立齐襄王为齐国国君，恢复了齐国政权。

田单因此被齐襄王封为安平君。

出奇制胜，在具体运用中，就是要不拘常法，不守常规，敢于突破传统的条条框框，造成现象与本质的强烈反差，使其假中隐真，虚实结合，看似不能而能，从而达到制敌目的。

孙权应诸葛亮之约，出兵进攻曹操疏于防范的东部防线。合肥守将张辽向曹操告急，于是曹操尽撤西部大军，来救合肥，与孙权接战。

孙权为了挫一挫曹军的锐气，决定趁其远道而来又立足未稳之际，率先进攻。部将凌统主动求战，带三千人马奔向曹营。他与曹军先锋大将张辽交锋，走马奋战五十多个回合，不分胜负。孙权担心凌统有闪失，让吕蒙接应他归回本阵。这一仗虽然没有分出胜负，但对曹军也起了一定的震慑作用。

甘宁见凌统出了风头，就要求孙权让他当天夜里只带一百名战士奔袭曹营："要是损失了一个人、一匹马，都不算成功。"

孙权赞赏他的勇气，就同意了。

甘宁作战前动员："今天夜里，咱们奉命偷袭曹营。请大家和我一起满饮一杯酒，然后努力向前。"

那一百名战士听到后，面面相觑。

甘宁见状，拔剑在手，怒喝："我作为大将，都不怕死，你们有什么可迟疑的？"

战士们见甘宁变了脸，都起身行礼："愿出死力，跟您一起去。"

饱食之后，夜半三更时分，甘宁让每个士兵头盔上插一根白鹅翎，作为吴兵记号,然后披甲上马,大喝一声杀入曹营。

夜黑,声杂,曹兵惊慌之际,辨不出对方来了多少兵马,结果奔跑进退之间,自相扰乱,十分狼狈。

甘宁趁乱率百名战士在曹营中纵横疾驰,碰到人就杀,随后迅速从南营门杀出来,竟没遇到什么阻拦。

曹操以为对方是故意引诱自己追赶,因为怕中吴军的埋伏,也就没敢追击。

于是甘宁偷袭成功,一百名战士没一个受伤。

要想成功,打破俗套、一反常规并出乎常人预料,有新奇的想法和做法是不可缺少的条件,何况"创新"更是军事家最重要的素质。

通过采取非常规、出人意料的行动来打乱对方的节奏,从而获得优势;利用预期之外的反应,迅速果断采取行动,就能取得意想不到的效果。

出奇制胜,是社会竞争中常见的方略。

社会竞争的现实是,许多人都盯着同一个目标,"相对而争利"。在竞争的队伍里,可能有许多精明强干、智慧过人之士。实现目标所能采取的办法,人们差不多都想到过了。

要想超出众人,出类拔萃,就必须来一点"绝招儿",见人所未见,为人所未为,出奇制胜。

这里的"奇"并非指离奇古怪,而是指不同寻常、打破常规的思维方式。在紧急情况下,常规的方法可能已经无法奏效,这时就需要我们跳出思维定式,寻找新的解决方案。这种策略要求我们具备敏锐的洞察力、灵活的应变能力和敢于冒险的勇气。

破釜沉舟，转他人之先机

★ 策略思维 ★

格局大、能成大事的人，不缺少谋略，同时也有破釜沉舟、放手一搏的勇气和决心，这让他们在人生的关键时刻，选择背水一战，以此激发出自己所有的潜力。这不是鲁莽和武断，而是一种勇气和智慧。

破釜沉舟的勇气意味着要舍弃过去的一切，毅然决然地向前迈进，不畏艰辛，不惧困难。只有这样，才能真正超越自己，实现自己的梦想和目标。

★ 史例为鉴 ★

秦朝末年，秦国为了镇压各诸侯国起义，发动了大规模的战争。其中，秦国攻打赵国的战争尤为激烈。当秦军攻占赵国的都城邯郸后，由于赵国实力不敌秦国，赵国的君臣逃到了巨鹿，寻求庇护。在这个危急的时刻，赵国向楚国求救。

楚怀王收到信后，派遣了宋义和项羽作为援军前往赵国。然而，宋义并没有尽全力去援救赵国，他听说秦军势力强大，想等着秦军与赵军打过之后，趁他们疲惫之时再前去支援。于是，在大军走到半路时，他就下令停止前进，这让项羽非常不满。

项羽是一个英勇无畏、心怀正义的年轻人，他想着救援任务紧急，应该火速前进。怎奈宋义是上将军，项羽只是副将。

宋义下令说，如果违抗军令，不管是谁，一律处死。心急如焚的项羽忍无可忍，杀掉了宋义。本来宋义就不得军心，他死后，大家一致拥戴项羽做上将军。

接下来，项羽派英布和蒲将军去侵扰和切断秦军的粮道，自己亲率楚军主力，渡过漳河，赶往巨鹿救赵。

此时，项羽下了一道命令：全军将士备足三天的干粮，再把渡河用的船只全部凿沉，做饭用的锅全部打破，营帐也要全部烧掉。

这道命令让楚军将士大惑不解，个个面有惧色。项羽说："兄弟们，不用害怕，除了三天的粮食，我们还有手中的武器。三天之内，我们要么胜利，要么死。相信大家都不想死，那我们就只有勇往直前，杀退秦军，才有退路。我发誓，不破秦贼誓不回头。"

将士们听完项羽的话感到热血沸腾，他们知道，这场战斗将是一场生死之战，但他们都愿意为了推翻暴政而战。

在巨鹿，楚军与秦军进行了激烈的战斗。楚军虽然人数少，但将士们都怀着必胜的决心，他们像猛虎一样冲向秦军，手中的武器在阳光下闪着寒光。

项羽更是一马当先，所向披靡。秦军将领纷纷战败，士兵们见状也是惊恐万分。

一天之中，楚军九战九捷。秦军的主力被打得晕头转向，士兵纷纷溃逃。这时，迫于秦军威势还在观望的其他各国的援军，也纷纷与楚军配合作战，最终击退了秦军。

项羽站在战场上，看着满地的鲜血和尸体，心中没有丝毫的喜悦。他知道，这场胜利的代价是巨大的，但也是值得的。他对手下说："这是我们用勇气和决心换来的胜利。"

巨鹿之战，项羽以6万楚军几乎歼灭20万秦军，成为历史上以少胜多的著名案例。这一年，项羽25岁。他凭借超人的胆识和担当，果决而勇敢一战成名。

这场战斗不仅让项羽名声大噪，更激励了其他反秦力量勇敢反抗、推翻暴政。破釜沉舟不仅是一种决战的手段，更是一种不屈不挠、勇往直前的精神象征。

公元前204年，韩信率新招募的一万汉军越过太行山，准备攻打项羽的同盟国赵国。

赵王和大将陈余集中20万兵力，占据了太行山以东的咽喉要地井陉口，大有"一夫当关，万夫莫开"的迎战气势。

井陉口以西，是一条长约百里的狭道，两边是山。这里是汉军的必经之地，形势对韩信十分不利。

赵军谋士李左车想要利用地形优势，于是献计："不要正面应战，派兵绕到汉军大后方，切断他们的粮道，把韩信困死在井陉狭道中。"

陈余刚愎自用，不听他的劝说，说："韩信只有几万人，千里袭远，如果我们避而不击，岂不让诸侯看笑话？"

韩信在探得敌方消息后，迅速率领汉军进入井陉狭道，在离井陉口三十里的地方扎下营来。

夜半，韩信密派两千轻骑，每人带一面汉军旗帜，从小道迂回到赵军大营的后方埋伏，并告诫他们，在两军对阵后，迅速冲进赵营，拔掉赵旗，换上己方旗帜。

其余汉军在简单地休整装备后，马上向井陉口进发。

到了井陉口，大队渡过挠蔓水，背水列下阵势，敌军见后，都在笑话韩信这是自寻死路。

陈余率轻骑精锐蜂拥而出，要生擒韩信。韩信假装兵败不敌，逃回河边的阵地。

陈余果然上当，下令赵军全营出击，直逼汉军阵地。

汉军因无路可退，个个奋勇争先。双方厮杀半日，赵军占不到丝毫便宜。

这时赵军想要退回营垒，却发现自己大营里全是汉军旗帜，军心立时大乱。

韩信乘势反击，赵军大败，陈余战死，赵王被俘。

★ 掌局智囊 ★

在非常时期，人要有非常思维和非常勇气。在最后关头，需要转变思维，唯有抱着破釜沉舟的决心，才能绝处逢生。

成语"置之死地而后生"的意思是说：斩断自己的后路，让自己陷入绝境中，往往可以创造出奇迹。人们为未来打拼时，总想着要给自己留条后路，进可攻，退可守。这是一种比较谨慎的做法，但是这种做法可能会导致一个人失去进取心，所以必要的时候，我们应该主动斩断自己的后路，破釜沉舟的人往往能够绝处逢生。

置之死地而后生，投之亡地而后存。有时只有破釜沉舟，才能有柳暗花明的结果。

见好就收，留他人之余地

《周易》有言："亢龙，有悔。"龙盘旋于九天之上，已经到达了最高的地方。它四顾茫然，进无可进，退又舍不得退，反而觉得悔恨。

做人要审时度势，进退适时，进是一种勇气，退是一种智慧。

知进退，灵活变通，该进则进，不错失良机，该退时一定要退，不走向极端。

那些走得更远的人，无一不是在恰当的时候选择进取，在适当的瞬间选择放下，不贪恋、不放纵。

秦朝末年，各地起义军风起云涌，在一个叫东阳县的地方，一群少年英雄杀掉了县令，准备效仿陈胜吴广推举一位首领，以领导起义军。

这群人最后选了东阳县望族里的陈婴，主要是因为他平时做事深得人心，老百姓对他十分拥护。可是陈婴的母亲却坚决不同意。

她劝告陈婴道："我们一家虽然在东阳县算是名门望族，可是祖祖辈辈从来没有人做过什么王。你现在当王了，名声太大会招来祸害，尤其现在社会动乱，你更加危险，不如做个副手，见机行事。"

陈婴听从了母亲的劝告，只当助手，想着如果起义成功就要一点封赏，哪怕分得少也没关系；如果失败，那他也不会被别人当头目杀掉，还能做到见好就收，到时也容易脱身。

陈婴后来先是跟随项羽,后来又转投了刘邦,成了汉朝的开国功臣,他的后代陈阿娇,还当上了皇后,几代人还算是幸运的。

假如陈婴当年不听母亲的话,做了首领,那么他就必须带头打天下。且不说他是否有能力当王,在刀剑不长眼的战场上,他很容易成为别人攻击的目标,说不定还会丢掉性命。

在观察局势之后见机行事,不能因为眼前有更大的利益,就不顾自身情况去追逐。

公元前260年,吕不韦32岁。秦赵两国倾举国之力打的长平之战落下帷幕,赵国40万士兵投降后被秦军集体坑杀,赵国从此一蹶不振。

当时,各国之间流行送人质,秦昭襄王为了战略上的需要,把太子嬴柱的嫔妃夏姬所生的儿子异人送到赵国做人质。

异人虽然名义上是秦国的皇孙,但他是太子次妃所生,所以秦王照样会毫无顾忌地随时出兵攻打赵国。

当时吕不韦为了生意来到赵国邯郸,碰到了异人。他敏锐地发现,这个人"奇货可居":异人是被低估的优质资产,如果有机会一定能涨到不可想象的高度。所以吕不韦便主动和异人结交。

长平之战后,秦国和赵国结下血海深仇,正在落难中的可怜人随时有被赵国处死的可能。现在突然有一个腰缠万贯的人肯和他做好朋友,请他吃好的、喝好的,异人能不高兴吗?

他激动地对吕不韦说:"如果我能登位成为秦王,愿意拿秦国的土地和你分享。"

吕不韦在结交异人之前,就已经对这笔投资进行了可行性调研及市场调查:秦昭襄王在位已经40多年,垂垂老矣来日无多。太子安国君,即异人的爹,当了40多年储君,始终没机会上位,整天小心翼翼,身体还非常差。

万事俱备,只欠东风。要想扶正异人,吕不韦知道还差一步。

安国君总共生了二十多个儿子，异人排行居中，他的亲生母亲夏姬一直不为安国君所宠爱。

吕不韦虽然有钱，但秦王并不会把他的钱看在眼里，他也更不可能当散财童子去打点秦国后宫。所以，吕不韦把目光瞄准了安国君最宠爱的华阳夫人。

华阳夫人深得太子宠爱，并被列为正夫人，不过有一个最大的遗憾，她没有儿子。

吕不韦花了五百金，购买各种礼物，打通各种关节，最终联系上华阳夫人的姐姐，再通过她找到华阳夫人本人。

不需要道德说教，不需要长篇大论，只要用最直接的利益来挑明：异人要的是现在的依靠，华阳夫人要的是未来的保障。

在吕不韦的努力下，华阳夫人心动了，她答应过继异人为自己的儿子，并游说安国君立他为嫡长子。

与此同时，吕不韦又拿出五百金给异人作为活动经费。出手阔绰的异人很快成为邯郸社交界的一颗新星，众人交口称赞，异人的名声也很快传回国内，引起了秦王的注意。

公元前257年，秦国大军围攻邯郸，赵国气愤至极，打算杀死作为人质的异人。关键时刻，吕不韦再次掏出六百金送给守城官员，然后把异人悄悄送到城外，一直护送他到秦国大营。从此，异人也结束了自己的人质生涯。

公元前251年，在位56年的秦昭襄王嬴稷去世，时年75岁。

子孝文王嬴柱嗣位，是为秦孝文王。孝文王在位第一天，为异人改名为子楚，同时立为太子。他在位的第三天就去世了，子楚继位，是为秦庄襄王。

秦庄襄王是一个知恩图报的人，他即位后，立即尊奉扶持他的华阳夫人为华阳太后，同时尊生母夏姬为夏太后。

两年后，即公元前249年，当年的异人，如今的秦王，任命吕不韦为丞相，封为文信侯。

吕不韦知道秦国的商人都是平日里享福惯了，缺乏去战场建功立业的勇气，但他们又渴望拥有爵位。只是秦法规定以军功才能升爵，正常情况下他们哪怕再富有，社会地位也不会太高，爵位才是他们最渴望的东西。

拿捏住了这群人的弱点之后，吕不韦下令："令百姓纳粟千石，拜爵一级。"

政令一出，富商、地主、世袭小贵族纷纷出钱、出粮、出人。

可以说，吕不韦之于秦，功在范雎之上，堪与商君比肩。不过，吕不韦未能参透一个道理：见好就收。

随着秦王嬴政一天天长大，昔日的恩人转而成了王权的威胁。后来就是吕不韦推荐的嫪毐图谋发动叛乱，最后被秦王扑灭。

公元前237年十月，嬴政免去了吕不韦的相邦职务，并到雍地迎接赵太后回归咸阳，而后把吕不韦遣出京城，前往河南的封地。

又过了一年多，各诸侯国的宾客使者络绎不绝，前来问候吕不韦。秦王恐怕他发动叛乱，就写信给吕不韦说："你对秦国有何功劳？秦国封你在河南，食邑十万户。你对秦王有什么血缘关系？而号称仲父。你与家属都一概迁到蜀地去居住。"

吕不韦担心被秦王诛杀，提前饮下毒酒自杀，时年57岁。

在人生这条赛道上，什么样的姿态决定了什么样的格局。聚焦长远目标，权衡进退，避免过度消耗。适时调整节奏，循序渐进，自然水到渠成。

得其所利，必虑其所害，乐其所成，必顾其所败。

每一次的胜利，都要承担相应的后果。每一步的成功，背后都有对等的代价。要想更进一步，除了持续全速发力，更要懂得适时停止，伺机而行。

　　人生在世，不可能把所有的好处都占全、占尽，倘若什么都想占全，结果就会适得其反，很可能会一无所有甚至负债累累。只有懂得见好就收，凡事都留三分余地的人，才能活得长久、活得幸福，最后名利双收。

险中求胜，成他人不成事

策略思维

人生莫不如此，遇到问题的时候，有的人陷入思维定式，困于方寸之间，结果碰得头破血流仍徒劳无功。

而有的人却能打破常规，敢于跳出思维的囚笼，轻松突围。

每一次危险都隐藏着机会，危险越大，机会也就越大。普通人在危险时只感到害怕，而成功者往往透过危险看到机遇。同样一件事，看待它的思维模式不一样，结果也会不一样。

史例为鉴

班超家族足以称为传奇：父亲班彪，是名重一时的文学家、史学家；哥哥班固继承了父亲的儒学和史学造诣，编修了史学巨著《汉书》；妹妹班昭是当世才女、皇家讲师，她写的《女诫》被视作封建女子的行为准则。

受家风熏染，班超自小也博学能文、涉猎广泛。哥哥精修史书时，他也为官府抄书来补贴家用。虽然从事文书工作，但是班超身上依然激荡着一股豪情。

有一天，他不甘心自己一直坐在昏暗的办公室里面对一堆枯燥的公文，便随手丢了纸笔，长叹道："大丈夫无它智略，犹当效傅介子、张骞立功异域，以取封侯，安能久事笔闲研乎。"

他的这番言论，自然没有得到旁人的认可，甚至还招来他人的嘲笑。

面对同僚的讥笑，班超摇了摇头："小子安知壮士志哉？"

但是班超并没有急于裸辞，而是怀抱这样的信念，继续做了10年抄写公文的工作。

投笔从戎的机会终于来了——都尉窦固出击匈奴，班超主动跟随。

窦固非常欣赏班超，决定派遣他出使西域，联络西域诸国。

于是，班超带着36名部下，组成了大汉使团，来到了西域大国鄯善国。

鄯善国王先是对班超一行表示了热烈的欢迎，但态度很快就冷淡了下来。

班超顿感不妙，国王态度转变，很有可能是因为匈奴也派出了使节。而国王正在权衡，应该把国家命运系在哪一艘大船上。

班超从接待他们的鄯善侍从口中探出了实情。匈奴使团确实已经到达鄯善，而使团的100多人，都是久经沙场的勇士。

反观班超一行，他和手下都是没怎么上过战场的书生，两个使团实力悬殊，国王犹疑日久。

班超甚至担心，他们会被鄯善国王当成投诚的礼物献给匈奴。

但是，班超不辱使命。

在手下或绝望或迷茫的眼神中，他坚定地站了起来说："不入虎穴，焉得虎子。"

这天晚上天刚黑，他们就悄悄地摸进了匈奴使者的营地。班超顺风放火，同伴看到火光后立刻击鼓。

匈奴人顿时陷入惊慌之中，因为无法辨别敌人的数量，只得向外奔逃，却被门口的汉使伏击。

这一战，匈奴使团全军覆没。鄯善国王惊怖不已，不再犹豫，表示甘心依附大汉。

消息传到中央后，皇帝欣赏班超的勇气和决断，决定让班超再次出使西域。窦固想给班超再增添点人手，班超却拒绝了："原本的30多人就足够了。如果遇到什么不测，人多反而累赘。"

这一年，班超42岁。为了"拔剑聊为万里游"的信念，他等了半生。此后，他不再抄写别人的公文，而要书写自己的传奇。

程昱刚刚投奔到曹操麾下时，便遭遇了一场极其重大的考验。

那时，曹操正率军征讨徐州，他命令程昱与荀彧留在大本营兖州，守卫疆土。整个兖州防务空虚，就在这时，吕布与张邈、陈宫等人密谋里应外合，企图夺取兖州。一时间，兖州各地纷纷反叛，仅剩鄄城、范县、东阿三座城池仍掌握在曹操手中。

眼看城池即将沦陷，生死攸关之际，算无遗策的荀彧认为三城的关键不在城高，而在人心，于是他对程昱说道："如今兖州反叛，仅余此三城。敌军以重兵压境，三城必定动摇。您乃百姓心中的希望，回去劝说他们吧。"

程昱接过任务后，马不停蹄地前往范县和东阿，向坚守城池的将士们阐述其中的利弊，甚至高呼"曹使君智略盖世，或许是上天赐予"的口号，迅速稳住了军心。

最后，在程昱的努力之下，曹军成功击败了吕布。

当曹操返回兖州时，他紧紧握住程昱的双手，感慨地说："如果没有你的帮助，我恐怕已经无处可去了。"

面对英勇无比的吕布，程昱未表现丝毫畏惧，而他的胆识远不止于此。

在官渡之战期间，曹操几乎将全部兵力投入前线战场，这使其他城池兵力不足。当时，程昱驻守的鄄城是距离袁军最近的城池，稍有不慎，便可能遭到对方的毁灭性打击，然而城内守军却仅仅只有七百人。

得知此事后，曹操决定再派遣两千士兵支援程昱。

然而，程昱却断然拒绝了，他表示："袁绍拥有十万大军，自认为战无不胜。如今看到我军兵力不足，必定轻视而来。倘若增加援军，反而会引发敌军进攻，只是白白损失兵力，因此我并不需要增援，这七百人足以应对。"

果然，袁绍听说程昱兵力薄弱，认为他无法掀起太大风浪，就没有发动攻击。

曹操得知此事后，不禁赞叹道："程昱之胆量，胜过贲育。"

掌局智囊

做每件事都要承担风险，只是掌局者更擅于分析遇到的风险，从而做出正确的抉择。

兵行险招，才能险中求胜。有时候风险越大，成功之后的收获也就越多，关键是自身有没有应对风险的能力。

但是险中求胜并不是说服自己去盲目冒险的理由，最终的目的是"求胜"。也就是说，要在经过科学全面的分析之后，认为可行并做好承受风险的准备，才去尝试。

险中求胜，前提是要有胜的可能，而不是毫无根据地冒险。

有时候，该冒险还是要冒险，但在此之前，要做好规避风险的措施，尽可能减少损失。

第八章 借势发力，通行天下

《荀子》有云："君子生非异也，善假于物也。"君子并非生来天赋卓越，只是善于借用外物。

一个人的力量毕竟有限，若想乘风破浪，真正远超常人，就要懂得借助外物与外力。

善观天象而知人事，善借天工而助人力，善察人心而制奇谋。没有外力，人也许不能成事。

是故，天之外力、人之外力，决定成就大小。

善借物者,变不能为可能

成功靠的不仅仅是一己之力,还有善于运用外物。

资源、工具、材料……这些都可能对事物的发展有着重大的推动作用。我们不可能什么都做好了万全准备,这个时候就要懂得向外去借物,以防错失良机。

范蠡离开越国后,来到齐国,耕田养鱼,苦心经营。

有朋友从吴越来拜访范蠡,在范蠡的马棚中看到一匹骏马,非常喜爱,抚摸良久。

范蠡见朋友真心喜爱,便上前解开缰绳,将缰绳递到朋友手中,说:"此马与你有缘,当赠予你。"

朋友满心欢喜,正不知如何答谢,忽然想起一事,对范蠡说:"吴越缺少好马,而齐国现在盛产良驹,如果能将马匹运送到吴越去,一定可以获得大利。不知兄台有兴趣否?"

范蠡听后大喜,没想到一匹马换来了一个巨大的商机。

不过,如何将好马安全送到吴越一带,却是个难题。

这么一大批马,运费高昂不说,沿途强盗横行,如果走常规路线,肯定会被洗劫一空。

如果要做马匹生意,首先得解决运送的问题。

范蠡多方打听得知，齐国巨商姜子盾一直在做布匹生意，将大量布匹运到吴越销售，因此，他一定有特殊通道。

经过一番仔细打听，范蠡得知姜子盾将沿途的强盗都打点好了，那些人只要看到姜子盾商号的旗帜，就会让路。

如果上门直接去求姜子盾帮忙运货，一来与姜子盾没有交情，不好说话；二来登门求人，最难办事；三来身份不对等，自己在齐国改名换姓，乃无名之辈，而姜子盾在齐国声名显赫。

范蠡略微思索后，计上心来。

他开始在齐国大量收购马匹，并打出广告"马队开业大酬宾，开业期间，免费帮商号运送货物到吴越"，还特意将广告贴在了姜子盾各大商号的墙壁上。

消息很快传到了姜子盾耳朵里，姜子盾正需要大量马匹帮自己运送货物，这下有免费的送上门来，不正好吗。于是，姜子盾主动找到范蠡，寻求合作。

姜子盾货物众多，范蠡将所有马匹全都带上，打着姜子盾商号的旗帜，顺利抵达吴越，并将马匹销售一空。

之后，范蠡去拜访姜子盾，给姜子盾赔礼道歉，说自己的真实目的不是运货而是贩马，为了路途安全，只得借助姜子盾的力量。

姜子盾听后目瞪口呆，随后衷心佩服范蠡的智慧，与范蠡也成了至交。

范蠡这一招一举多得，既帮姜子盾省下了巨额运费，也帮他自己省下了运费，更重要的是让马匹安全抵达了吴越。

范蠡说的"得时无怠，时不再来；天予不取，反为之灾"，在这则故事中体现得淋漓尽致。

贩卖马匹和贩运麻布单看起来没有任何关系，但将贩卖马匹和麻布关联到一起——缔结成战略合作关系——就产生了双赢的结果。

生活中不缺少机会，而是缺少发现机会的眼光；生活中也不缺少资源，而是缺少发现资源的眼光。范蠡成功地发现机会、整合和利用社会资源，变不可能为可能，创造了传奇。

唐肃宗李亨是唐玄宗的第三个儿子。他刚即位，就派敦煌王李承寀、将军石定番出使回纥，示好征兵。

到了之后，回纥可汗把女儿嫁给了李承寀，又派遣首领来朝见，请求和亲。唐肃宗先是封回纥公主为毗伽公主，后在彭原接见使者时又礼遇有加。第二年二月，回纥就派遣首领大将军多揽等十五人入朝。

九月，郭子仪因为回纥兵骁勇善战，就劝唐肃宗多借兵来助力平叛。回纥的怀仁可汗就派他的儿子叶护及将军帝德等率精兵四千余人来至凤翔。

唐肃宗非常高兴，马上接见叶护，宴请赏赐，满足他的所有要求。元帅广平王李俶率领朔方等军及回纥、西域之众十五万，号称二十万，从凤翔出发。李俶见到叶护后，非常高兴，二人结拜为兄弟，叶护称李俶为兄。

回纥兵到了扶风之后，仆射郭子仪留宴三日。叶护就说："国家有急，远来相助，何以食为？"

宴席结束马上就出发。

唐王朝每天给回纥军队羊二百口、牛二十头、米四十斛。

在回纥军队的帮助下，唐王朝很快就收复了西京长安。十月，广平王李俶、副元帅郭子仪领回纥兵马，与叛军战于陕西。在新店战役中，回纥军在叶护、将军鼻施吐拨裴罗等的指挥下，"斩首十余万，伏尸三十里"。叛军首领安庆绪率众从洛阳北走渡过黄河，叶护跟随李俶、郭子仪进入洛阳。光复东京，大大提高了唐军的士气，初步扭转了原来对他们不利的局面。

在乾元元年，回纥又派骨啜特勒及帝德率骁骑精兵三千来助力讨伐安庆绪，肃宗命朔方左武锋使仆固怀恩统领。由此可见，在平叛的过程中，回纥军功不可没。

为了进一步巩固和回纥的联盟，在乾元元年七月，肃宗下诏册命回纥可汗为英武威远毗伽可汗，并把自己的小女儿宁国公主嫁给了可汗。肃宗又任命殿中监汉中王李瑀为册礼使，右司郎中李巽为副手，命右仆射裴冕送公主到边境。

临走的时候，唐肃宗亲自送宁国公主到咸阳，公主辞别说："国家事重，死且无恨。"

唐肃宗听罢，涕泗交流，肝肠寸断，纵是千般不舍，但为了大唐江山，也只好让女儿做出牺牲。以往和亲，都是宗室的女儿，而这一次则是皇帝的亲生骨肉，对于唐肃宗来说，其中滋味，只有他自己能体会。

所幸，在第二年回纥可汗去世，宁国公主因为没有子嗣而得以返回长安，唐肃宗"诏百官于明凤门外迎之"。

在大唐君臣的努力之下，在肃宗、代宗父子的接力之下，在回纥军的帮助之下，到代宗继位初年，安史之乱终被平定。

在激烈的社会竞争中求生存和发展，固有资源的多寡往往决定着一个人的起点。但真正的掌局者，即便自己手中资源匮乏，也能通过巧妙的借势之术扭转局面，实现以小搏大、以弱胜强的奇迹。

你能整合多少资源，就能干成多大事。懂得整合资源，就如同拥有了一个巨大的杠杆，可以让事业与人生快速变得强大。

善借智者，达人生之高点

策略思维

《格言联璧·从政类》中说："大智兴邦，不过集众思。"小到一人，大到一国，兴盛发达的秘诀都在于集思广益。

靠近滋养自己的高人，借用别人的智慧，弥补自己的短处，方能行稳致远。

借智，就是借人之智，修缮己身。学别人的长处，去成为最好的自己。

譬如千里马，唯有借伯乐的赏识，才能一展才华；而自身，唯有借别人的智慧，才会有全新的洞见。懂得向优秀的人靠拢，站在巨人的肩膀上看世界，方能站得更高，走得更远。

史例为鉴

朱元璋一介布衣，最后成为明朝的开国皇帝，除了他自身才能出众，最重要的还是身边有一群智慧过人的谋士与骁勇善战的武将。朱升就是其中一位。

朱升自幼聪颖，敏而好学，长大后颇有所成，学富五车。但由于生活在元末动荡年代，朱升早年只能在家乡一边开馆讲学，一边种地务农，过着半隐居的生活。

1357年，一路所向披靡的朱元璋率领大军包围了徽州府城，时年59岁的朱升为了让百姓免遭屠戮，冒万箭之簇，独立城下，最终成功说服了守城元帅福童开城归降。这是朱升与朱元璋的第一次交集。

次年，朱元璋再攻婺源，却没有往常那般顺利，久攻不下，还损失惨重。就在此时，时任三军总管的邓愈对朱元璋说，有位江湖隐士名叫朱升，此人有经天纬地之才，是活在当世的诸葛孔明。

朱元璋听后大为心动，于是亲自拜访朱升，并给予了这位世外高人极高的礼遇。

朱元璋向朱升请教平定天下之大计，朱升见朱元璋谦逊有礼，于是呈交了三个计策，也就是著名的九字战略方针——高筑墙，广积粮，缓称王。

高筑墙就是说要保护好大后方根据地，若要攻得漂亮，后方根据地必须守得牢固。广积粮就是说要通过税收等手段提升经济实力，自古至今战争拼的都是钱粮，行军打仗必须有源源不断的后勤和武器保障。缓称王则是说要低调，不做出头鸟，要知道，元末天下大乱，群雄逐鹿中原，若要成为最后的赢家必须学会韬光养晦。

可以说，朱升的这三条计策非常高明。朱元璋当即臣服于朱升的智慧，一一采纳。以朱元璋当时的实力，完全可以称王了，但他听从了朱升的建议，在此后六年里一直甘居"吴国公"，直到彻底扫除劲敌陈友谅后才称"吴王"。

另外，在与陈友谅、张士诚的多次重要交战中，朱元璋也都是因为采纳了朱升的计谋才屡屡大获全胜。在朱升的助力下，朱元璋得以一步步消灭元朝，统一中原，建立了大明王朝。

周朝是我国历史上继商朝之后的第三个奴隶制国家，由周武王姬发创建，定都镐京，享国近八百年。

周武王的父亲名为姬昌，他是周太王之孙，原为商朝的诸侯，被封为西伯侯。

姬昌为人仁厚谦逊，尤能敬老慈少、礼贤下士。昔年，年逾七旬的姜子牙在河滨以直钩垂钓，大家都笑他愚傻痴呆，可姜子牙却不以为意，日日坚持垂钓。

后来，姜子牙终于等来了求贤若渴的周文王姬昌。

姜子牙出生于公元前1128年,他的祖上是跟随大禹治水的功臣。

由于家族后来一再没落凋敝,自幼便聪睿好学的姜子牙即便满腹学识、极富才略,也只能过着为温饱而日日辛苦奔波劳作的生活。

为了吃穿用度无虞,姜子牙不但在商朝都城朝歌当过宰牛的屠夫,还在河南孟津贩卖过白面,做过贩夫走卒。

后来,姜子牙凭借着学识好不容易混到了一个小小的官职,但这份工作既无法发挥姜子牙的才智,也不能满足一家老小的温饱,姜子牙索性弃官而去,重新成了一个山野闲夫。

已然鬓发皆白的姜子牙听别人说姬昌颇有贤名,决定为前程而赌一把。于是,姜子牙到了渭水河畔。这次他得遇了此生中的贤主,毕生的夙愿和抱负也由此而迅速实现。

姜子牙跟着姬昌乘坐车辇回到周部落的都城之后,姬昌便封姜子牙为军师。姜子牙倾尽全力协助姬昌开疆拓土、兴治安邦。

到了周武王姬发掌权之时,姬发尊称姜子牙为"师尚父",给予姜子牙文臣武官中最高的地位和待遇。

后来,残忍暴虐的商纣王帝辛,既失去了臣子的敬服与忠毅,又失掉了民众的拥护和爱戴,严重动摇了商王朝的统治基础,使得整个商朝江河日下、危机四伏。

因为好战的商纣王曾经对周部落发动过猛烈的攻击,企图吞并周部落以及周边的许多其他部族。所以等到周武王姬发上位后,姜子牙便辅佐姬发反击并攻伐商朝。最终,周武王姬发成功赢得了牧野之战,推翻了商王朝统治,建立了周朝。

周朝开元建制后,姜子牙依旧辅佐周室,他劝谏周朝的君主要修德行仁、善待臣民,这样才能让百姓心有归属,愿意与君主同舟共济,国家也才会渐渐走向强盛。

随后,姜子牙又编撰了《六韬》《太公兵法》《太公金匮》等一系列有关治国统兵的著作,不但亲手为周朝打造了严谨周密的政治体系,还为后来王朝霸业的实现奠定了极为坚固的基础。

★ 掌局智慧 ★

《论语》中写道："三人行，必有我师焉。"一个人就算再出类拔萃，也难以做到十全十美；即便再博学多识，也有无法企及的高度。

每个人都有自己的长处和优点，我们只有虚心向他人学习，才能不断提升自己的智慧和素质。如果对自己太过于自信，就会故步自封，事情做得就不会尽如人意。

个人的知识和智慧往往是有限的，因此，借智成为我们成长和进步的关键。站在巨人的肩膀上，意味着能站在更高的层面上，会走得更远。我们要善于借用他人的智慧，才能离成功更近一步。

善借光者，名才正言也顺

创造机会的人是勇者，等待机会的人是愚者。机会不是别人给的，是自己创造的。

在人生的不同阶段，我们都会遇到各种挑战和难题。有时，我们可能觉得自己无法克服眼前的困难。在这时，我们应该向外界寻求帮助和支持。高明的人，懂得借用他人的名声和地位来给自己创造机会，从而让自己的事业名正言顺地进行下去。

有一个默默无闻的小伙子名为牛僧孺，他的理想是考中进士。但他对自己的水平没有信心，于是他便拜访了当时的两位名人，一位是韩愈，另一位是皇甫湜。

韩愈和皇甫湜仔细地阅读了牛僧孺的文章，透过字里行间看到了他过人的才华。

韩愈很是欣赏这个小伙子，想要帮帮他，让他的才华不至于被埋没。

怎么才能帮到他呢？韩愈思考了很久，终于想到了一个办法。

韩愈询问了牛僧孺家的地址，并且告知他，过两天自己会和皇甫湜一起去找他。但是在他们一起去找牛僧孺的时候，他一定不能在家。

牛僧孺十分好奇。韩愈微笑着，却没有回答，只是叮嘱牛僧孺按照他的意思去行动。虽然不知道韩愈是何用意，但牛僧孺还是答应了下来。

过了两天，韩愈和皇甫湜按照约定去拜访牛僧孺了。

在前往他家的过程中，韩愈和皇甫湜故意做出高调的样子，吸引了一群好奇的路人。大家跟着他们俩一同来到了牛僧孺的家门口。韩愈上去敲门，正如之前约定好的，自然没有人回应。

韩愈便取出准备好的笔墨，在大门上写下了几个字，那几个字大致意思是："我和皇甫湜两个一起来拜访前辈了，但没有见到您，因为您不在家。"

路人见状，更是好奇了：能让这两位如雷贯耳的名士尊称为前辈，那这里面的人一定是一位极其杰出的人物。

一传十，十传百，牛僧孺的名望一夜之间蔓延开来。他的声誉如日中天，后来，他的事业发展得非常顺利，最终成了当朝宰相。

想进入清政府的官场，求人写推荐信是非常常见的方式。

军机大臣左宗棠却从来不给别人写推荐信，他说："一个人只要有本事，自会有人用他。"

左宗棠有个知己好友的儿子，名叫黄兰阶。此人在福建候补知县多年也没候到实位。他见别人都有大官写推荐信，想到父亲生前与左宗棠很要好，就跑来找左宗棠。

左宗棠见了故人之子，十分客气。但黄兰阶一提出想让他为自己写推荐信给福建总督时，左宗棠顿时就变了脸，几句话就将黄兰阶给打发走了。

黄兰阶又气又恨，离开左府，就闲踱到琉璃厂看书画散心。忽然，他看见一个小店老板在学写左宗棠的字体，写得十分逼真。于是他心中一动，想出一条妙计。他让店主写柄扇子，落了款，然后得意扬扬地摇回了福州。

这天，是参见总督的日子，黄兰阶手摇纸扇，径直走到总督堂上，总督见了很奇怪，问："外面很热吗？都立秋了，老兄还拿扇子摇个不停。"

黄兰阶把扇子一晃："不瞒大帅说，外边天气并不太热，只是我这柄扇是我此次进京，左宗棠人人亲送的，所以舍不得放手。"

总督吃了一惊，心想："我以为这姓黄的没有后台，所以候补几年也没任命他实缺，不想他有这个大后台。左宗棠天天跟皇上见面，他若恨我，只消在皇上面前说个一言半句，我可就吃不住了。"

总督要过黄兰阶扇子仔细查看，确实是左宗棠的笔迹，一点不差。他将扇子还与黄兰阶，闷闷不乐地回到后堂，找到师爷商议此事，第二天就给黄兰阶挂牌任了知县。

黄兰阶没几年就升到了四品道台。总督一次进京，见了左宗棠，讨好地说："宗棠大人故友之子黄兰阶，如今在敝省当了道台了。"

左宗棠笑道："是吗？那次他来找我，我就对他说：'只要有本事，自有识货人。'老兄就很识人才嘛。"

黄兰阶能够官拜道台，是借左宗棠这个大人物为背景，才让总督这个小贵人给他升了官。

一些人常常埋怨自己运气不好，怪罪父母没有给自己创造好条件，责备社会没有给自己提供好机会，感慨自己生不逢时，感慨成功者恰好赶上了好时候……然而，除了抱怨和暗自心酸，他们没有做任何切合实际的事情。他们不会创造机会，只会消极等待。殊不知，机会永远不会在等待中出现。

机会从来就不是偶然得来的，而是在一步步地主动追求中全力以赴捕捉到的。要想获得机会，就必须主动伸出手去抓，需要积极行动起来，为机遇的到来做准备。

在复杂多变的形势中，我们能够抓住机遇，逆风翻盘，甚至逆天改命。这就是"借"的魅力所在，它是一种最高明的智慧，能够帮助我们在人生的道路上克服重重困难，走向成功的彼岸。

善借力者，乘风破浪胜之

★ 策略思维 ★

东晋葛洪有云："众力并，则万钧不足举也。"（《抱朴子·务正》）意思是借助合作之力，哪怕是重达万钧之物，也不难举起。

要知道每个人的力量都是有限的，总有穷尽之时，也总有独木难支之时。但往往"尽力"的尽头，还可以借力合作。

借力不是偷奸耍滑，不是贪人便宜，而是力不从心时的坦然求助。唯有拥有向人求援的勇气、团结合作的格局，才会有克难攻坚的底气。犹如一根竹竿容易弯折，但一把筷子却难以折断。

懂得借力，善于合作以增己力，才能事半功倍。

★ 史例劲鉴 ★

借力，顾名思义是借助别人的力量。曹操通过借力，从普通的官僚小人物成了魏国开国皇帝，并在政治、经济、军事、文学等领域都取得很高的成就。

袁绍是曹操的对手，当初曹操迎汉献帝到许都，曹操被封为大将军，而袁绍位屈曹操之下，心里并不服气。

曹操心想，整个大汉朝都是自己的，把将军之位让给袁绍，让他去攻打河北，他开心，而自己却得江山，何乐而不为？

于是，在袁绍被封大将军后，曹操以汉献帝的名义下诏让袁绍去攻打河北。果然，袁绍开开心心地去了，并打败了公孙瓒，统一了河北。

曹操借袁绍之手，不费一兵一卒，打掉一个军阀集团，收获一片江山。之后，曹操将同样的方法用在了关羽身上。

当年，关羽因围困曹操部下军队威震中原。曹操认为关羽锐不可当，会威胁到帝都。于是，曹操与部下谋士商议后，决定借孙权之手，打破围城之困局。

曹操派人前往东吴劝说孙权。孙权本来就看不惯关羽意气高昂的样子，同时也想得到曹操给予长江以南封地的回报，就同意了偷袭关羽。

由于关羽对东吴疏于防范，东吴偷袭成功。最终，关羽被杀，围城之困被破，刘孙同盟也随之瓦解。

对手或敌人，都是与自己彼此依存的，相互之间存在竞争。在竞争过程中，大智之人懂得借对手之力使力，突破局限，达到自己的目的。

有时，对手或敌人也是靠山，巧妙借用他们的力量，也能成就自我。

做局，要懂借力之道。借助外力来办成自己的事，甚至借助敌手之力来办自己的事，这就是高明。

战国时期的冯谖就是借助秦国的力量，使孟尝君在自己的国家成了香饽饽，孟尝君的宰相之位得以巩固。

当初，齐国的孟尝君田文继承其父齐相田婴的爵禄，家累万金，所养门客说士曾达三千之众。加上他才思敏捷，善于因人成事，其声名远播各国诸侯。不久，孟尝君就当上了齐国宰相，在协助齐王与秦国争霸称雄的争斗中起到了举足轻重的作用。

后来，齐王听了秦国和楚国的挑拨，认为孟尝君独揽大权，其名声在自己之上，于是就罢了他的官，并没收了他的封地。

孟尝君无可奈何。

这时他的门客冯谖献谋说："您让我带上礼物去秦国，包您官复原位，并且还能得到更多的封地。"

冯谖受孟尝君之命到秦国后，对秦王说："所有说客无论到秦还是到齐，都是为了秦强齐弱或秦弱齐强。齐、秦二国是不分雌雄而不能并立的国家,谁称了雄,谁就可拥有天下。"

秦王听后问道:"您有何办法能使秦国成为雄而不为雌呢?"

冯谖说:"齐国之所以能够得到各诸侯的尊重,关键是有孟尝君。而现在齐王听信挑拨,罢了他的官,孟尝君固然心里不满,想离开齐国。如果您趁这个机会把他请来相秦,那将不只是使秦称雄而是坐拥天下的事了。您若失去时机,等齐王醒悟过来官复孟尝君原职后,那将来谁雌谁雄就难说了。"

秦王听后觉得很有道理,立刻派人携重金去齐国请孟尝君。

冯谖辞谢秦王之后,先走一步回到了齐国,马上把自己对秦王说的话又对齐王重复说了一遍,还说:"秦王很钦佩孟尝君的才智,听说秦王已经派人携重金来迎他去秦国。如果孟尝君一去,秦王肯定会任他为宰相。到那时各诸侯国就将都归附于秦。秦一旦称雄,齐则成了雌,连临淄、即墨都难保了。您为何不趁秦使未到而抢先将孟尝君官复原职,再多封领地予他以示歉意呢?"

齐王采纳了冯谖的意见,同时派人去边境打听,知道确有秦使请孟尝君时,赶紧恢复了孟尝君的宰相职务,并在旧有封地外又多增加了一千户的俸禄。

人生路上,谁都会遇到难题,不能单凭一己之力蛮干,要学会巧干。只有周围的力量都汇聚在一个人身上的时候,才会发出无穷的力量。

适时借力,是一种智慧的策略,并非投机取巧。

成功借力,需有敏锐的洞察力,能够发现身边的资源和机会;需有宽广的胸怀,能够容纳他人的意见和建议;亦需有卓越的领导才能,整合各方力量,实现共同的目标。

正如秦国丞相李斯所言:"泰山不让土壤,故能成其大;河海不择细流,故能就其深。"(《谏逐客书》)意思是泰山不拒绝泥土,所以能成就自己的高大;河海没有挑拣细小的溪流,所以能成就自己的深远。

善借势者，成不凡之人生

在复杂多变的社会环境中，个人或组织的力量注注有限，唯有善于借助外部力量，顺应时势，方能成就一番事业。

《孙子兵法》有云："因势而变，谓之神也。"一个人要成大事，对于"势"的认知和把握，远远比自身努力重要得多。

真正的智者，都懂得识势、借势，让自己站上时势的风口，方能"四两拨千斤""无注而不利"。

借势也提醒我们要保持警觉和灵活性，时刻关注周围环境的变化和竞争对手的动向，以便及时调整策略、应对挑战。

刘邦本是出身贫寒的布衣，能在秦末乱世中崛起，最终建立大汉王朝，很大程度上得益于他善于借势。

刘邦深知民心的重要性，因此始终关注百姓疾苦，推行仁政。他借助民心，赢得了广泛的支持和信任，从而在垓下一战中击败项羽，实现了天下一统。

刘邦的借势之道，在于他能够洞察民心所向，顺应民心民意，将百姓的力量凝聚起来，形成一股不可阻挡的洪流。这种借势的智慧，让他在历史的洪流中乘风破浪，最终登上人生巅峰。

在涿郡的桃花园里，刘备、关羽和张飞三人相遇，命运的齿轮从此开始转动。

关羽和张飞原本怀着投军报国的热情，希望通过这种方式来实现自己的抱负和获得更好的发展。然而，刘备却展现出了他非凡的洞察力和战略眼光。

刘备为关羽、张飞二人深入分析了当时的形势：朝廷已经外强中干，虽然号召各地自行募兵讨伐贼寇，但这背后隐藏着更深层次的危机。

他预见到，在贼寇被平定之后，各地诸侯一定会崛起，并形成新的政治格局。

基于这种判断，刘备提出了一个大胆的想法："与其去做别人的手下，在军队中默默无闻地奋斗，不如自己招兵买马，利用这个乱世的机会，开创一番属于自己的事业。"

关羽和张飞听了刘备的分析后，顿时恍然大悟。他们被刘备的见识所折服，毅然决定跟随刘备。从此，他们聚集在刘备的大旗下，南征北战。

他们巧妙地借助了天下大乱的形势，在这个动荡的时代中找到了属于自己的机会。

通过不懈努力和艰苦奋斗，他们最终创造了三分天下有其一的霸业。这一壮举充分证明了借势的重要性。

只有那些能够敏锐捕捉到形势变化，并且善于借势的人，才能像大鹏一样，凭借着风力，"扶摇直上九万里"，实现自己的宏伟抱负。

一直信任和重用张仪的秦惠文王死后，传位给了秦武王——就是那位最后举周鼎而死的秦王。但秦武王很讨厌张仪。

这就是"道不同，不相为谋"。显然张仪如果再在秦国待下去，说不定哪天就会被杀掉。同时，其他诸侯国也察觉到了秦王跟张仪之间的矛盾。任谁看张仪都已经近乎山穷水尽了。这种情况下，他还能"借"到东西吗？答案是能。

这天，张仪找到秦武王说："现在的局势，不用我说你也清楚，六国合纵伐秦，已经又开始死灰复燃了，这不是好现象。"

秦武王点头，自然要追问该怎么办。张仪劝谏秦武王，此刻寻常的办法是回到过去的路上。但这种办法，历史一再证明凶险异常。须知，无论哪个老大，一旦确定了大方略后，想让他回头基本上很难。因为这其实是在否认他的权威。

张仪说："如今楚国实力大损，担当不起六国合纵的领头羊了，唯有齐国能担当。同时，齐国最痛恨我，所以请准许我出使魏国。这样一来，齐国定会去找魏国的麻烦，六国发生内讧，那时你就立刻攻打韩国。"

秦武王本来就讨厌张仪，一听张仪这条自寻死路的计谋，且一旦成功自己还能得地盘，便立刻同意。

就这样张仪来到了魏国。果然跟张仪判断的一样，他一到魏国，齐国大军立刻扑向了魏国。

这下可把魏国的魏哀王吓坏了。交出张仪？可魏国身边就是秦国。但若不交出张仪，齐国又不会善罢甘休。

魏哀王正不知如何处理呢，张仪来了。他说道："魏王你不必害怕，我已经替你想好了万全之策。"

原来张仪早派出身边的门客，一溜烟跑到楚国，言称："齐王攻魏，正中秦王和张仪的诡计。因为这两人早就密谋好了，一旦齐和魏开战，秦军就直扑韩国。"

这个消息可吓坏了楚王，如果秦国再这样强大下去，我楚国也危在旦夕，我必须阻止。于是，楚王派出使臣，日夜兼程地去见齐王，并把"秦武王和张仪的诡计"透露给了齐王。

齐王也大惊，再加上楚国使者传达了楚王反对伐魏的意思，齐王顺坡下驴，连忙下令，撤回了攻打魏国的大军。

张仪也随之成了魏王的救命稻草，像菩萨一样被供在了魏国，直至一年多后死于魏国。

掌局智囊

《孙子兵法》有言："善战者，求之于势。"那些真正能成事的人都懂得借势用势，打破个人能力的局限。势来不可止，势去不可遏。

很多时候，选择远比努力更重要。选择逆势而行，便如蜉蝣撼树，必受碾压；而选择借势向上，才会如江河行地，一日千里。就犹如巨石，因高山之势，才会积蓄出可怕的力量，而溪水因地而制流，才会汇聚成了江海。

真正的掌局者，懂得借势而为，在风来之前，会默默蛰伏；在风起之际，会乘风而上，不断开发潜能，打磨本领。唯有善于借势，打破自身桎梏，才能撬动自己的未来，托举起不凡的人生。

第九章 谋定而行，制敌制胜

成就一份事业从来都不是一蹴而就，不仅要靠毅力与坚守，还要懂得运筹帷幄，谋定而行。

面对困难，情绪抑制不住，反而阻碍行动。我们要学会做自己坚强的后盾，尽快化解情绪，让理智重新占领高地。深思熟虑，反复进行模拟演练，再付诸行动，才能实现心中的梦想。

三思而后行，谋定而后动。

示人以强，而后应之以张

强者恒强，弱者难存。

很多人在遇到问题的时候，往往会采取一种弱势的姿态，企图通过博取他人的同情，来达到自己的目的。但说实话，这种做法很难奏效。

因为从人性的角度看，人们更愿意接近和尊敬的是强者，而不是弱者。所以，当我们露出弱势姿态的时候，不仅得不到别人的帮助，反而可能招来轻视。

要全方位地展示自己，坚定自己，将自己完全定义为一个强者，这样才能大大提升成功的可能性，实现人生的飞跃，并提升思维境界。

项羽夺取了魏地的十多座城池后，得知成皋落入敌手，立即率军返回。

当时，汉军正将钟离眜围困在荥阳东边，一听到项羽归来的消息，他们立刻解除了包围，并迅速占据了有利地形，严阵以待。

项羽在广武驻扎，与汉军形成了对峙之势。

两军相持了好几个月，楚军的粮草逐渐减少，项羽对此深感忧虑。为了迫使刘邦投降，项羽竟想出了一个极端的办法。

他制作了一块巨大的砧板，把刘邦的父亲刘太公放在上面，并派人通知刘邦："如果不投降，就烹杀你的父亲。"

刘邦回应说："当初我与你一同受命于怀王，结为兄弟，因此我父亲就是你父亲。如果你真的想烹煮他，别忘了分我一碗肉汤。"

项羽大为愤怒，想立刻杀掉刘太公。项伯劝阻道："天下的事情难以预料，而且真正想夺取天下的人，是不会顾及家人的。杀了刘太公对我们没有好处，反而可能招来灾祸。"

项羽这才放弃了这个念头。

项羽又向刘邦提议："天下动荡不安，只是因为我们两人争斗罢了。不如我们单挑，一决胜负，不要害了天下人的性命。"

刘邦笑了，回应道："我只斗智，不斗力。"

为了挑衅刘邦，项羽派出三名壮士出阵，但都被汉军的神射手楼烦一一射杀。

项羽大怒，亲自上阵挑战。

楼烦想要射他，项羽瞪大眼睛，怒声呵斥，楼烦被震慑到，连箭都射不出去，只能退回战壕，再也不敢露面。

刘邦派人打听对方将领的身份，得知是项羽后十分惊讶。

随后，两人在广武涧隔着深涧对话。

项羽继续挑衅要求单挑，而刘邦则大声数落起项羽的十大罪状："你违背怀王的盟约，将我贬谪至蜀地及汉水流域，此乃罪一；你假传命令杀害了卿子冠军宋义，此为其二；你受命援救赵国，却未回报怀王便擅自率领诸侯军队闯入函谷关，这是第三条罪状；你焚烧秦国王宫，挖掘秦始皇的陵墓，私自藏匿秦国的财富，此乃第四条罪；你杀害了已投降的秦王子婴，这是第五条罪过；在新安，你残忍处置了二十万投降的秦军士兵，此为第六条罪状；你将肥沃的土地分封给自己的部下，却将原先的诸侯王贬至偏远之地，这是第七条罪名；你驱逐义帝离开彭城，自己占据此地作为都城，又夺取韩王的领地，兼并魏、楚两国，均据为己有，此乃第八条大罪；你派人在江南暗杀了义帝，这是第九条不可饶恕的罪行；你治理国家不能秉持公正，违背盟约不讲信用，为天下所不容，实在是大逆不道，这是第十条重罪。我乃正义之师，联合各路诸侯，只需派受过刑罚的罪人前来攻打你就够了，哪里还用得着我亲自出马呢？"

项羽大大地被激怒了，命令弓箭手向刘邦射击。

刘邦被射中胸部，但他却弯腰抱住脚说："射中了我的脚趾。"

由于伤势严重，刘邦返回后只能卧床休息。

张良建议他强忍疼痛起床，到军中慰问士兵以稳定军心。不得不说，刘邦在如此情况下，还能有这样的应变能力，不向外界暴露自己的弱点，属实让人敬佩。

《菜根谭》中有句话："饥则附人，饱则高扬，遇富则趋之若鹜，遇贫则弃之如敝屣。"

意思是人们饥饿潦倒的时候会去投靠别人，一旦富裕饱足就会远走高飞；看到富贵人家就巴结奉承，当人家衰败贫穷时就掉头而去。

尊重不是乞求来的，而是靠实力赢得的。真正厉害的人，他们内心都很强大，不需要通过诉苦来博取同情。

强者并非世界里的独行者，而是能够凝聚团队力量、共同前行的领导者。一个人通过与他人建立良好的关系和合作，能够更快地实现目标，并为他人带来积极影响。

最重要的是，在追求强者之路上，不能忘记内心深处那份善良和正直。强者并非冷酷无情、唯我独尊，而是拥有一颗温暖而宽容的心灵，在成功的道路上不忘初衷、不忘感恩。

直视问题，于困境中智取

★ 策略思维 ★

当问题或困难出现，有的人选择勇敢地迎上前去，直面困难。而有些人则选择绕道而行。但逃避往往只会让问题变得更加棘手。

面对难题，勇者前行。逃避困境，智者不取。

回避不是出路，面对才是答案；问题不等人，解决需及时。

在挑战的征途中，困难本身便是试炼，许多人在它面前止步不前。然而，只有勇敢地面对，并竭尽所能去克服困难，我们才能积蓄成长的力量。

史例为鉴

我们每个人每天都会遇到各种各样的困难。面对困难，人们的选择各异。不同的选择产生不同的结果：直面问题，在挑战中获得成长；回避问题，在逃避中使问题扩大。解决问题最好的方式，就是直面问题。

汉宣帝即位不久，渤海诸郡闹起了饥荒，一时间盗贼肆虐，当地官员急得团团转，七十多岁的老臣龚遂临危受命，到任后竟下令："不准抓盗匪。"

龚遂在昌邑王刘贺的治下任职。当时，由于刘贺的父亲刘髆早逝，他在五岁的时候便继承了昌邑王的王位。

汉代的诸侯王在封地的权力很大，不仅享有封地的食邑，还有铸币权。因此，一批谄媚之辈为了加官进爵，围到了刘贺的身边，拼命地讨他欢心。

龚遂却是个例外，他以忠勇刚毅和直言不讳而闻名。他多次劝告刘贺，要亲贤臣远小人。刘贺欣然接受，却不改正。

不久后，二十来岁的汉昭帝刘弗陵还没留下子嗣就突然驾崩，阴差阳错之下，刘贺被大司马霍光推上了皇位。

就这样，龚遂作为刘贺治下的郎中令，也被带到了长安。刘贺当上皇帝后，不思朝政，热衷于享乐，就连龚遂的劝谏也不再听从。不到一个月，刘贺便因荒淫无度被拉下了皇位，跟随他的那帮大臣也都遭到处决。

龚遂因为多次劝告刘贺，免遭死罪，但也被罚剃发。随后，龚遂从事筑城的苦役长达4年。直到汉宣帝刘询继位，七十多岁的龚遂才重新发挥自己的价值。

渤海诸郡闹饥荒，盗贼并起，当地官员束手无策不能平乱。汉宣帝要求选拔能够胜任的官员，龚遂被推荐了上来。

此时的龚遂已经七十多岁，个子又矮小，汉宣帝见到他的第一眼很是失望，但还是决定先问问他有什么计策。

汉宣帝询问起龚遂准备用什么办法平息盗贼时，龚遂说道："渤海距离京城远，没有得到皇上您的教化，百姓饥寒交迫而官吏不加体恤，所以，这些人不得已才起事，弄兵潢池，和皇上您的部队在池塘边躲猫猫，这些都是小事情。重要的是，您是准备让老臣剿灭他们，还是安抚他们呢？"

听到龚遂的回答，汉宣帝非常高兴，他不禁对龚遂刮目相看。汉宣帝随即表示："让你这样有德行的人去渤海，正是要好好安抚他们啊。"于是，汉宣帝下令任命龚遂为渤海太守，即刻上任。

龚遂谢恩后，没有立刻离去，他深知朝堂深似海，特别是平乱这件事，不能有第二种声音。他向汉宣帝申请："治理乱民，就像整理乱麻，不能心急，才能慢慢理顺，希望皇上能够给老臣见机行事之权，不要用苛刻的法令来推三阻四。"

汉宣帝觉得要求不过分，便答应下来，还赏赐了黄金，并安排专车送龚遂前去渤海郡上任。郡中的官吏接到龚遂前来任职的消息,急忙派兵前去迎接保护,生怕龚遂在渤海出现危险。

谁知,官吏的热脸贴了个冷屁股,龚遂把士兵全部都打发走了。随后,龚遂也不急于去剿灭这些土匪,不仅如此,还下了一道指令:"不准对拿着农具的人动手,这些都是善良的百姓,谁抓就罢免谁的官。拿着弓箭的才能算是土匪。"

跟随龚遂的下属一开始很是担心,觉得太守这是在养虎为患,会出大问题。慢慢地,他们发现,匪患居然不剿自灭了。

原来,龚遂调查发现,盗匪基本上都是拿着农具的农民。这个政策颁布后,当地的官吏便不能再借着剿匪的名义欺压百姓,只能去剿灭真正的盗匪。而那些因饥荒抱团在一起的百姓,通过龚遂开仓放粮的赈灾政策,很快便安分守己地种地去了,甚至不得已拿起弓箭的盗匪也重新拿起了农具。

之后,龚遂选拔起用有德行的官吏,对百姓进行安抚管理。龚遂一人凭借着大智慧,和平地解决了匪患,让百姓安居乐业。

如果龚遂只是强压,那么,百姓不灭,盗匪不灭。

其实,士兵、百姓都是朝廷的子民,龚遂没有激化矛盾,而是一视同仁地对待他们。百姓们也是一样,谁能给他们一口饭吃,他们便拥护谁,这么好的百姓,需要像龚遂这样的好官才行。

龚遂之所以能够解决好问题,关键点就在于他有勇气能直面问题。同时,他也有能力找到问题的根本原因,并以动态思维去看待匪民与良民,并想办法让他们朝着良性转换。最终,匪患问题被有效解决了。

弱者会认为,只要花心思、花时间去关注问题,找到一个令自己心安的解释后,问题似乎就解决了,就可以安心睡觉了。

而强者不会怨天尤人,埋怨问题的出现。他们知道,只有把问题解决掉,才能真正从痛苦的深渊中脱离。否则,问题就会像梦魇一样,挥之不去,造成巨大的情绪消耗。

掌局者以效果为导向,目标明确,内心只有一个想法:解决问题。因此,他们会聚焦于问题本身,去分析问题的根本原因,寻找解决方案。

声东击西，立自己于不败

★ 策略思维 ★

声东击西，是一种策略，也是一种智慧。它意味着在敌人毫无察觉的情况下，将攻击的目标从一处转移到另一处，以分散敌人的注意力，达到出其不意的效果。只有掌握此种策略，才能在激烈的竞争中立于不败之地，为自己的人生道路铺设坚实的基石。

声东击西同时也是一种勇气，它需要我们有足够的勇气去挑战未知，去面对风险。只有敢于冒险的人，才能在人生中获得更多的机会。

★ 史例为鉴 ★

公元前206年四月，项羽分封诸侯，大家各自散去，回到自己的封地。但是，项羽还是不放心，临走时还抢走了刘邦七万兵马。

十万兵马只剩下三万，刘邦却不得不咽下这口恶气，带着仅剩的兵马赶去汉中。

刘邦虽然窝火，但是实力不如人，也只能先休养生息，再做打算。刘邦带着剩下的三万嫡系部队，打着"汉"字旗号，从长安县杜陵以南进入蚀中，经宁陕、石泉、洋县等地，到汉中就国。

张良本来跟韩王成打过招呼，要随刘邦进入关中，眼下刘邦就快到汉中，自己也做了准备。但是，项羽却把张良跟刘邦给分开了。

把刘邦身边的谋士弄走，削弱刘邦的力量，这是项羽的目的。只是项羽没这么多心眼儿，这个主意是范增出的。

最终，张良不得不回到韩国辅佐韩王成。

不过张良看得出来，汉中那个小地方困不住刘邦这条蛟龙，将来掀翻项羽的，一定是刘邦。刘邦绝对不会甘心只做一个小小的汉中王。

思量一番后，张良跟韩王成请假，表面上是护送刘邦到汉中，实际上是看一看汉中的山川地形，为将来做一些准备。后来韩王成也因为这事，惹恼了项羽，回彭城之后，韩王成就被项羽杀了。

张良就这样跟着刘邦一路来到了汉中。张良确实很有谋士的高远格局，他一路上非常注意观察地形，跟刘邦一起沿着汉中盆地北缘，顺秦岭山脉南麓而行，先到了汉中城西的褒中。

张良在看了褒谷口的道路地形后，对刘邦说："汉王，为什么不把这条栈道烧了？"

刘邦还想着有一天能够打回来，如果现在烧了，以后自己的人怎么走呢？所以，他不解地问："烧了这条栈道很容易，但是，我日后要怎么出去呢？"

张良听了摇摇头说："如果不把这条路给烧了，恐怕不等汉王打出去，章邯就不请自来了。"

刘邦听了，心里直吸冷气。

张良又接着说："这条栈道还有一个很大作用，烧了这条栈道之后，项羽就会以为你短期内不会回来，也就能放下对你的戒备了。所以说，只有烧掉栈道，汉王才能够安心发展自身实力，以汉中为根据地，招兵买马，训练军队，积蓄粮草，以待来日。"

刘邦听了之后，恍然大悟，烧了栈道才有未来，不烧栈道怕是一直得不到安宁，他被张良的远见卓识、深谋远虑所深深折服。

接着，人称"五百里"的褒斜栈阁之道，就这样灰飞烟灭，只剩下悬崖陡壁上的石桩和石窟窿告诉人们，这里曾经有一条栈道。

张良把褒斜栈道烧掉的事，很快让项羽和章邯知道了，他们都以为刘邦这下会安分一段时间了，确实对刘邦放松了警惕。

这一年八月，大将韩信派樊哙、周勃两人，带领一万多老弱病残去修复被张良烧毁的栈道。樊哙接到军令之后，一个劲儿地埋怨张良："早知道还要修，当初为什么图痛快一把火烧了呢？"

烧毁栈道很容易，要修复栈道却是难如登天。所以，修复栈道的进展非常缓慢。

刘邦派人修复栈道的消息，很快就传到了关中雍王章邯这里，他听了之后轻蔑地说："刘邦这老小子，手下怕是没人了，居然让韩信这个窝囊废做大将。等着看吧，修通这五百里栈道，还不知道要到猴年马月。"说完，他笑了起来，自然也不会太过关注韩信的动态了。

但是，章邯又怎么可能知道，樊哙修复栈道，不过是韩信的疑兵之计。韩信和刘邦早已悄悄带领十万大军，绕过褒水，兵分两路。其中一路兵马从今勉县百丈坡入口，经土地梁、火神庙、九台子、铁炉川，翻箭锋垭到大石崖，北出陈仓沟口的连云寺等地，正星夜不休地直扑关中。

这一切进展得神不知鬼不觉，等到雍王章邯发现的时候，韩信已经带兵进入陈仓地界，到了关中平原。雍王章邯这才知道自己上了韩信的当。

这个时候，章邯把那帮醉生梦死享清福的士兵召集起来，慌忙应战，结果可想而知。章邯先是在陈仓被打得措手不及，节节败退，先退至好，又退到废邱。

这时，刘邦也带着军队赶到了。在前后夹击之下，废邱也很快就被光复，整个雍地落入刘邦的手中。

等到汉军追着打到咸阳，诸位将领以秋风扫落叶之势，平定塞地，再至上郡。另一边，樊哙也把甘肃一带至西县拿了下来。

这一招"明修栈道，暗度陈仓"可以说一举平定了雍、塞、翟三秦大地，也为刘邦建立广阔的大后方，打下了坚实的基础。这块根据地让刘邦从此立于不败之地，进可攻，退可守，有粮食，有兵源，只会越打越强。

掌局智囊

　　声东击西之计，核心在于制造假象，以迷惑敌人，从而达到出其不意、攻其不备的效果。这一计策不仅考验指挥者的智慧与胆识，更是一场深层的心理博弈。

　　以下几点有助于实现声东击西效果：

　　制造假象：通过各种手段，如散布谣言、故布疑阵等，制造出我方将在东边发动攻击的假象，使对手产生错误的判断。

　　调动敌人：利用假象迷惑对手，使其将主要部署放在东边，从而为我方在西边的攻击创造有利条件。

　　隐蔽意图：在整个过程中，必须严格保密我方的真实意图和行动计划，确保对手无法察觉到我方的真实动向。

　　抓住时机：在对手被假象迷惑、兵力分散之际，迅速发动攻击，以最小的代价取得最大的战果。

　　这一计策灵活多变，不拘一格。在瞬息万变的竞争场上，只有那些能够迅速适应形势变化、灵活调整策略的人，才能最终取得胜利。

反客为主，化被动为主动

☆ 策略思维 ☆

在面对突发事件或困难时，保持冷静和理智，不要因为一时的得失而失去判断力，也不要因为情绪的波动而慌忙做出决定。客观地分析问题，然后再找准时机，反客为主，化被动为主动。

采取一些积极的措施或行动，使局势逆转，变成对自己有利的情况。这种策略的关键在于善于观察和利用对方的弱点或疏忽，同时也要注意隐藏自己的弱点，以免被对方利用。

☆ 史例为鉴 ☆

赵奢是战国时期赵国的名将，但他并非行伍出身。赵奢本是赵国地方上负责税收的官员，有一次他在收税的时候，著名的"战国四公子"之一的平原君赵胜家不肯缴税，赵奢依法处死了平原君门下九个负责此事的人。

由此，平原君大怒，要找赵奢算账。赵奢却说道："您是赵国公子，却纵容家臣不缴税，这会使法令削弱，法令削弱就会使国家衰弱，国家衰弱就会遭人侵犯，到时候您又怎能保有这些财富呢？"

这一番话让平原君平息了怒火，他对赵奢也有了欣赏之意。甚至，平原君还把赵奢推荐给了赵惠文王，赵王任命赵奢掌管全国赋税。

公元前270年，赵奢迎来了人生的高光时刻。这一年，秦国进攻韩国，大军直抵阏与城下。

赵国与韩国是唇亡齿寒的关系，韩国又是赵国抵挡秦国兵锋的战略缓冲区。于是，赵王召见赵国名将廉颇，问道："发兵去救韩国可不可行？"

廉颇表示道阻且长，很难施以援救。赵王不甘心，又询问另一名将领乐乘的意见，乐乘说的话和廉颇一模一样，这让赵王很是失望。

无奈之下，赵王把这件事对赵奢说了，赵奢回答道："其道远险狭，譬之犹两鼠斗于穴中，将勇者胜。"这句话后来演变为"狭路相逢勇者胜"。

赵王听了赵奢的话大喜过望，立马派赵奢带兵前去救援阏与。就这样，赵奢从"税务总局局长"一下变成了对秦军事行动前敌总指挥。

赵奢率军离开邯郸三十里，暂不进军，传令说："有谁来进谏，处死刑。"

这时，秦国已经派出军队，占据武安，就是为了攻打援军。秦军击鼓呐喊的操练声，把武安的屋瓦都震动了。

一名负责侦察敌情的军侯请求立刻派兵救援武安，赵奢立刻将他斩首。随后，赵奢让人继续把营垒修得更坚固，壕沟挖得更深。就这样，他们在此处一直停留了二十八天，赵奢没有进军，一直在增修防御工事。

秦国的奸细潜入赵军营区，赵奢知道后，用好饭好菜招待他，还将他完好地送了回去。赵奢要的就是有人带信回去。

这名奸细把情况汇报给秦军将领，秦将大喜，他认为，赵奢离开邯郸三十里，军队就不前进了，还增修营垒，阏与再没人救援了。

赵奢送走秦军奸细之后，立刻下令："士兵们卸下铁甲，快速向阏与行军。"经过两天一夜的跋涉，士兵们到达前线。赵奢命令善射的骑兵，在离阏与五十里地扎营。

等军营修好了，秦军才知道，立即全军赶来。赵奢后发而先至，这个时候秦军再来已经晚了。

一个叫许历的军士向赵奢进谏，说："秦军没料到我们已经到了这里，他们的士气还相当旺盛，将军要集中兵力，严阵以待，不然，必定会打败仗。"

赵奢说:"请您指教。"

许历接着说:"谁能先占据北山,谁就能稳操胜券,后到的就要吃败仗。"

赵奢认为很对,立刻派一万人先占领北山,秦兵稍后才到。

两军争夺山头,秦军晚了一步,无法上山。赵奢指挥将士们展开猛烈的攻击,大破秦军。阏与之困解除。

赵奢的厉害之处在于:根据战场的全局和敌人的排兵布阵,来制定并调整自己的策略。接受任务的时候,赵国已经陷入了被动,阏与和武安两地的秦军,就像两把钳子,牢牢控制着战场。

赵奢必须扭转被动局面,才有制胜的可能。先人有夺人之心,后人以待其衰也。

这时候,赵奢占的是后手,必须忽悠秦军,让他们懈怠,然后抓住时机,出其不意,快速行军。所以,赵奢才在邯郸城外三十里的地方,等了足足二十八天,直到招待了秦军的奸细之后,立刻急行军。这一下,彻底摆脱武安打援的秦军,跳出了两面夹击。

这是变被动为主动的关键,从此时开始,战场的主动权到了赵奢的手中。

到达阏与城外之后,赵奢接受了许历的建议,占据北山,抢先占据地理优势,才有了后来的一举击溃了秦军。

明明北山离秦军更近,为什么秦军没有先一步占据呢?因为他们根本没有想到,在他们的思维里,援军根本就不会来,所以就没必要占据北山。

赵奢抓住秦军的漏洞,完全掌握了战场主动权——先发制人,先占北山。那么,秦军不进攻北山,先等等行不行?不行,因为赵奢和阏与城内的军队可以两面夹击秦军,秦军则会陷入被动。如果一直等下去,有可能韩国、魏国也会加入战争,到时候秦军更被动。

秦军的选择是正确的,必须先击溃赵奢,只是他们失败了。所以,并不是策略正确,就一定能成功。这也表明一旦陷入被动局面,最好先结束战斗,再另寻战机。

★ 掌局智囊 ★

　　有大眼光、大志向的人，遇到困难或者诱惑时，通常不会轻易行动，他们会克制自己的冲动，不断积蓄实力和能量，只等真正的机会降临时，才以雷霆手段出击，达到一鸣惊人、一击必胜的结果。

　　反客为主可以帮助我们在竞争中掌握主动权。它不是让我们被动地等待机会，而是要通过自己的努力和智慧去创造机会。此外，反客为主的策略还强调资源整合的重要性。在面对困境时，要善于利用各种资源，包括人力、物力、财力、信息等，来制造对自己有利的情况。

运筹帷幄，谋而后动而成

★ 策略思维 ★

做事前，一定要预先谋划、分析、设定范围，然后再运用对立与顺和的方法，相背为忤、相向为合，即灵活应变的谋略。古之成大事者，莫不是先谋而后动。

先谋而后动，就是做事要先定好计划然后再行动。事先有准备，才不会陷入窘境之中。所以，不要等待危机出现时才启动理智，而应该充分利用理智来预测和防范可能出现的危机。与其事到临头辗转难眠，不如有备无患，高枕安卧。

★ 史册名鉴 ★

战国时期，有一位名叫王翦的将军，他是秦国的杰出军事家，也是秦始皇统一六国的重要功臣。王翦的强大不仅仅体现在武艺上，还体现在智慧和谋略上。他对待每一场战斗、每一次决策，都非常慎重，谋而后动。

有一年，秦国与赵国发生冲突，赵国国王命令大将李牧率军进攻秦国。

率领秦军迎战的王翦并没有急着指挥军队攻击，而是静静等待李牧的军队露出破绽。王翦深知李牧的战术和性格，知道他善于利用地形和兵力优势，所以王翦决定避免与他进行正面交锋。

经过了数日对峙后，王翦终于找到了李牧的破绽。他发现李牧在夜间会派人前往赵国的后方，猜想这样做可能是为了求援。于是，王翦决定利用这个机会进行反击。他命令一支小队在夜间偷袭李牧的大营，同时自己率领主力军队从正面发起进攻。

李牧被突如其来的攻击打乱了阵脚，他想要调动军队迎战，但是发现已经来不及了。在他的军队被击败的同时，赵国的援军也因为王翦的策略被阻挡在了前进的道路上。最终，王翦成功击败了赵国军队，攻破了赵国，并俘虏了赵王。

这场战斗让王翦的名声更响了。他知道在战斗中不能仅凭一时的冲动和热血，而是需要冷静地分析和深思熟虑后再行动。这种对任何事都谋而后动的态度，让他每一次明智且准确地做出决策。

这场战斗结束后，王翦并没有放松警惕。他知道，最终的结果不仅仅取决于一场战斗的胜败，更取决于国家整体实力和人民的支持。因此，他开始着手稳定秦国内部，加强国家的经济和军事实力。他鼓励农业发展、加强税收管理、提高军队的训练水平，让秦国整体国力得到提升。

同时，王翦也明白民心的重要性。他在战斗中尽量避免伤害无辜的平民百姓，对待战俘也十分宽厚。他的这些举措赢得了民心，也让秦国的统一进程更加顺利。

在这个过程中，王翦表现出了强大的领导力和战略眼光。他不仅是一位优秀的军事家，更是一位出色的政治家和社会管理者。他对待任何事情都慎重思考、谋而后动，正是这种态度让他取得了巨大的成功。

只有真正懂得思考、善于分析的人，才能在复杂多变的现实生活中取得成功。这种对任何事都谋而后动的态度，也是我们在面对人生中的挑战时所需要的智慧。

对任何事情都谋而后动，是智慧的体现。这样的人，不凭一时冲动，而是习惯在行动之前深思熟虑，全面分析，精心策划。他们懂得在事情的关键节点上，精准出击，事半功倍。

保持足够的耐心和毅力，面对困难和挑战，能保持冷静，从长远的角度看问题。这样的人，不仅能在个人生活中取得成功，也能在复杂的社会大舞台上让自己立于不败之地。

自己首先确定斗争策略，再以此来统领众人，策略要不暴露意图，让旁人看不到其门道所在，这才可以称为"天神"。北宋初年的渭州知州曹玮就是一位以谋而后动战胜敌人的"天神"。

北宋初年，西夏人经常侵犯边境。一次他们又来骚扰，曹玮领兵出战打败了他们。他们丢下财物逃跑了，曹玮派人打探到他们已经走远，命令士兵赶着敌人丢下的牛羊，抬着他们丢下的物资，慢慢往回走。

西夏兵将逃了几十里后，听说曹玮贪图财物行动迟缓，队伍零散，就又返回去想袭击他们。

曹玮得到情报后，仍然不慌不忙地带着队伍慢慢走，部下担心地对曹玮说："把牛羊丢下吧，带着这些东西，跑也跑不动，打也打不了，敌人追上来了怎么办？"

曹玮对这些话完全不理会，叫队伍继续向前走。又走了半天，到了一处比较有利于战斗的地形，曹玮才下令停下来等待敌人的到来。

敌人快要逼近的时候，曹玮派人迎上去对他们的首领说："你们远道而来，一定很疲惫，我们不想趁你们疲惫的时候和你们作战，请你们的人马先休息一会儿，然后咱们再决战。"

敌人正跑得精疲力竭，听了这话非常高兴，于是坐下来休息。过了好长时间，曹玮派人对敌人说："休息好了，咱们可以交战了。"于是双方击鼓进军，曹玮的部队仍旧毫不费力地就把敌人打得大败。

曹玮的部下对他能如此轻易地取胜感到很是奇怪。曹玮解释说："我知道敌人已经很疲乏，让大家赶着牛羊抬着财物，装作贪图财物的样子，是为了诱骗敌人，把他们引出来。等到他们走远后再回头袭击我们，几乎走了一百里地。这时如果马上和他们交战，他们虽然疲劳，但是士气正旺，谁胜谁负很难定夺。我让他们先休息，是因为走远路的人，停下来休息一会儿，就会腿脚肿痛麻木，站立不稳，根本无法作战。我就是根据这一经验打败他们的。"

曹玮懂得事先审察时机，权衡形势，然后因时因地制宜，根据实际情况制定出行之有效的策略。他谋定而后动、三思而后行，所以这种策略也就更有机会成功。

谋划后的行动,不但要具有明确的方向性和目的性,还要具有可行性。要成功,就得事先周密地谋划。

"凡事预则立,不预则废。"(《礼记·中庸》)

只要有可能,我们就应该对自己所走的路进行详细的规划,分清阶段,划分步骤,认真计划每一步应该怎样走,每一步用多少时间,每一步达到什么目标,这些都要尽量清晰明白。成功的人生需要正确的规划,你今天站在哪里并不重要,但是你下一步迈向哪里却很重要。

先谋而后动是一种策略,是一种智慧,是人生的指南针,我们都应该先谋而后动,为自己谋一个灿烂的未来。